TRANZLATY

Sprache ist für alle da

زبان برای همه است

Das Kommunistische Manifest

مانیفست کمونیست

Karl Marx
&
Friedrich Engels

Deutsch / فارسی

Copyright © 2024 Tranzlaty
All rights reserved·
Published by Tranzlaty
ISBN: 978-1-80572-337-0
Original text by Karl Marx and Friedrich Engels
The Communist Manifesto
First published in 1848
www.tranzlaty.com

Einleitung
مقدمه

Ein Gespenst geht um in Europa – das Gespenst des Kommunismus

شبحی اروپا را تسخیر می کند - شبح کمونیسم

Alle Mächte des alten Europa sind eine heilige Allianz eingegangen, um dieses Gespenst auszutreiben

تمام قدرتهای اروپای قدیم به یک اتحاد مقدس وارد شدهاند تا این شبح را از بین ببرد

Papst und Zaren, Metternich und Guizot, französische Radikale und deutsche Polizeispione

پاپ و تزار، مترنیخ و گیزوت، رادیکالهای فرانسوی و جاسوسان پلیس المان

Wo ist die Oppositionspartei, die von ihren Gegnern an der Macht nicht als kommunistisch verschrien wurde?

حزب اپوزیسیون کجاست که از سوی مخالفانش در قدرت به عنوان کمونیست محکوم نشده است؟

Wo ist die Opposition, die nicht den Brandvorwurf des Kommunismus gegen die fortgeschritteneren Oppositionsparteien zurückgeschleudert hat?

اپوزیسیون کجاست که سرزنش کمونیسم را علیه احزاب اپوزیسیون پیشرفته تر رد نکرده است؟

Und wo ist die Partei, die den Vorwurf nicht gegen ihre reaktionären Gegner erhoben hat?

و حزبی که این اتهام را علیه دشمنان ارتجاعی خود مطرح نکرده است کجاست؟

Aus dieser Tatsache ergeben sich zweierlei

دو نتیجه از این واقعیت

I. Der Kommunismus wird bereits von allen europäischen Mächten als eine Macht anerkannt

کمونیسم در حال حاضر توسط تمام قدرت های اروپایی به عنوان یک قدرت شناخته شده است

II. Es ist höchste Zeit, dass die Kommunisten ihre Ansichten, Ziele und Tendenzen offen vor der ganzen Welt offenlegen

زمان ان رسیده است که کمونیست ها در مواجهه با کل جهان، دیدگاه ها، اهداف و گرایش های خود را اشکارا منتشر کنند.

sie müssen diesem Kindermärchen vom Gespenst des Kommunismus mit einem Manifest der Partei selbst begegnen

باید این داستان کودکانه شبح کمونیسم را با مانیفست خود حزب به دست اورند

Zu diesem Zweck haben sich Kommunisten verschiedener Nationalitäten in London versammelt und folgendes Manifest entworfen

برای این منظور، کمونیستهای ملیتهای مختلف در لندن گرد هم امده و مانیفست زیر را ترسیم کردهاند۔

Dieses Manifest wird in deutscher, englischer, französischer, italienischer, flämischer und dänischer Sprache veröffentlicht

،این مانیفست قرار است به زبانهای انگلیسی، فرانسوی، المانی ایتالیایی، فلاندری و دانمارکی منتشر شود۔

Und jetzt soll es in allen Sprachen veröffentlicht werden, die Tranzlaty anbietet

ارائه می Tranzlaty و در حال حاضر ان را به تمام زبان هایی که دهد منتشر می شود

Bourgeois und Proletarier

بورژوازی و پرولترها

Die Geschichte aller bisherigen Gesellschaften ist die Geschichte der Klassenkämpfe

تاریخ تمام جوامعی که تاکنون وجود داشته‌اند، تاریخ مبارزات طبقاتی است.

Freier und Sklave, Patrizier und Plebejer, Herr und Leibeigener, Zunftmeister und Geselle

فریمن و برده، اشراف زاده و مردم، لرد و رعیت، استاد صنفی و مسافر

mit einem Wort, Unterdrücker und Unterdrückte

در یک کلمه، ستمگر و سرکوب شده

Diese sozialen Klassen standen in ständiger Opposition zueinander

این طبقات اجتماعی همواره در مخالفت با یکدیگر ایستاده بودند

Sie führten einen ununterbrochenen Kampf. Jetzt versteckt, jetzt offen

انها به یک نبرد بی وقفه ادامه دادند.حالا پنهان، حالا باز

Ein Kampf, der entweder in einer revolutionären Rekonstitution der Gesellschaft als Ganzes endete

مبارزه ای که یا به یک بازسازی انقلابی جامعه به طور کلی به پایان رسید.

oder ein Kampf, der im gemeinsamen Ruin der streitenden Klassen endete

یا جنگی که به نابودی مشترک طبقات رقیب منتهی میشد

Blicken wir zurück auf die früheren Epochen der Geschichte

بیایید به گذشتهای پیشین تاریخ بنگریم

Wir finden fast überall eine komplizierte Einteilung der Gesellschaft in verschiedene Ordnungen

ما تقریبا در همه جا یک نظم پیچیده از جامعه را به ترتیب های مختلف می بینیم

Es gab schon immer eine mannigfaltige Abstufung des sozialen Ranges

همیشه درجه بندی چندگانه ای از رتبه اجتماعی وجود داشته است

Im alten Rom gibt es Patrizier, Ritter, Plebejer, Sklaven

در روم باستان ما اشراف زاده ها، شوالیه ها، مردم، بردگان داریم

im Mittelalter: Feudalherren, Vasallen, Zunftmeister, Gesellen, Lehrlinge, Leibeigene

در قرون وسطی: اربابان فئودال، رعیت، استادان صنفی، مسافران کاراموزان، رعیت ها

In fast allen diesen Klassen sind wiederum untergeordnete Abstufungen

تقریبا در تمام این کلاسها، دوباره، درجهبندیهای فرعی

Die moderne Bourgeoisie Gesellschaft ist aus den Trümmern der feudalen Gesellschaft hervorgegangen

جامعه بورژوازی مدرن از ویرانه های جامعه فئودالی جوانه زده است

Aber diese neue Gesellschaftsordnung hat die Klassengegensätze nicht beseitigt

اما این نظم اجتماعی جدید خصومتهای طبقاتی را از بین نمی برد

Sie hat nur neue Klassen und neue Unterdrückungsbedingungen geschaffen

فقط طبقات جدید و شرایط جدید سرکوب را ایجاد کرده است

Sie hat neue Formen des Kampfes an die Stelle der alten gesetzt

به جای ان کهن اشکال جدیدی از مبارزه ایجاد کرده است

Die Epoche, in der wir uns befinden, weist jedoch eine Besonderheit auf

با این حال، دوره ای که ما خودمان را در ان می بینیم دارای یک ویژگی متمایز است

die Epoche der Bourgeoisie hat die Klassengegensätze vereinfacht

عصر بورژوازی تضادهای طبقاتی را ساده کرده است

Die Gesellschaft als Ganzes spaltet sich mehr und mehr in zwei große feindliche Lager

جامعه به عنوان یک کل بیشتر و بیشتر به دو اردوگاه بزرگ خصمانه تقسیم می شود

zwei große soziale Klassen, die sich direkt gegenüberstehen: Bourgeoisie und Proletariat

دو طبقه بزرگ اجتماعی که مستقیما روبروی هم قرار دارند: بورژوازی و پرولتاریا

Aus den Leibeigenen des Mittelalters gingen die Bürger der ersten Städte hervor

از رعایای قرون وسطی، دهات اجاره شده شهرهای اولیه به وجود امده بود

Aus diesen Bürgern entwickelten sich die ersten Elemente
der Bourgeoisie

از این برگها نخستین عناصر بورژوازی به وجود امده بود

Die Entdeckung Amerikas und die Umrundung des Kaps

کشف امریکا و گرد کردن دماغه

diese Ereignisse eröffneten der aufstrebenden Bourgeoisie
neues Terrain

این حوادث زمینهای تازه را برای بورژوازی در حال رشد باز کرد

Die ostindischen und chinesischen Märkte, die
Kolonisierung Amerikas, der Handel mit den Kolonien

بازارهای هند شرقی و چین، استعمار امریکا، تجارت با مستعمرات

die Vermehrung der Tauschmittel und der Waren überhaupt

افزایش در ابزار مبادله و در کالاها به طور کلی

Diese Ereignisse gaben dem Handel, der Schiffahrt und der
Industrie einen nie gekannten Impuls

این رویدادها به تجارت، دریانوردی و صنعت انگیزه های داد که پیش از
این هرگز شناخته نشده بود.

Sie gab dem revolutionären Element in der wankenden
feudalen Gesellschaft eine rasche Entwicklung

این امر به سرعت به عنصر انقلابی در جامعه فئودالی متزلزل تبدیل شد

Geschlossene Zünfte hatten das feudale System der
industriellen Produktion monopolisiert

اصناف بسته نظام فئودالی تولید صنعتی را در انحصار خود گرفته بودند

Doch das reichte den wachsenden Bedürfnissen der neuen
Märkte nicht mehr aus

اما این دیگر برای افزایش خواسته های بازارهای جدید کافی نبود

Das Manufaktursystem trat an die Stelle des feudalen
Systems der Industrie

نظام تولید جای نظام فئودالی صنعت را گرفت

Die Zunftmeister wurden vom produzierenden Bürgertum
auf die Seite gedrängt

استادان صنفی توسط طبقه متوسط تولیدی به یک طرف هل داده شدند

Die Arbeitsteilung zwischen den verschiedenen
korporativen Innungen verschwand

تقسیم کار بین اصناف مختلف شرکت ها ناپدید شد

Die Arbeitsteilung durchdrang jede einzelne Werkstatt

تقسیم کار در تک تک کارگاهها نفوذ کرد

In der Zwischenzeit wuchsen die Märkte immer weiter und die Nachfrage stieg immer weiter

در همین حال، بازارها همچنان در حال رشد بودند و تقاضا همیشه افزایش می یافت

Selbst Fabriken reichten nicht mehr aus, um den Anforderungen gerecht zu werden

حتی کارخانهها هم دیگر برای براورده کردن خواستهها کفایت نمیکنند.

Daraufhin revolutionierten Dampf und Maschinen die industrielle Produktion

پس از ان، بخار و ماشین الات انقلابی در تولید صنعتی ایجاد کردند

An die Stelle der Manufaktur trat der Riese, die moderne Industrie

محل تولید توسط غول پیکر، صنعت مدرن گرفته شده است

An die Stelle des industriellen Mittelstandes traten industrielle Millionäre

میلیونرهای صنعتی جای طبقه متوسط صنعتی را گرفتند

an die Stelle der Führer ganzer Industriearmeen trat die moderne Bourgeoisie

بورژوازی مدرن جای رهبران کل ارتشهای صنعتی را گرفت

die Entdeckung Amerikas ebnete der modernen Industrie den Weg zur Etablierung des Weltmarktes

کشف امریکا راه را برای صنعت مدرن برای ایجاد بازار جهانی هموار کرد

Dieser Markt gab dem Handel, der Schifffahrt und der Kommunikation auf dem Landweg eine ungeheure Entwicklung

این بازار توسعه عظیمی به تجارت، ناوبری و ارتباطات از راه زمینی داد.

Diese Entwicklung hat seinerzeit auf die Ausdehnung der Industrie reagiert

این توسعه، در زمان خود، در گسترش صنعت واکنش نشان داده است

Sie reagierte in dem Maße, wie sich die Industrie ausbreitete, und wie sich Handel, Schiffahrt und Eisenbahn ausdehnten

‫نسبت به چگونگی گسترش صنعت و چگونگی گسترش تجارت‬
‫ناوبری و راه اهن واکنش نشان داد.‬

in demselben Maße, in dem sich die Bourgeoisie entwickelte, vermehrte sie ihr Kapital

‫به همان نسبتی که بورژوازی توسعه داد، سرمایه خود را افزایش دادند‬

und das Bourgeoisie drängte jede aus dem Mittelalter überlieferte Klasse in den Hintergrund

‫و بورژوازی هر طبقهای را که از قرون وسطی به دست امده بود به‬
‫پیشزمینه هل میداد‬

daher ist die moderne Bourgeoisie selbst das Produkt eines langen Entwicklungsganges

‫بنابراین بورژوازی مدرن خود محصول یک دوره طولانی توسعه است.‬

Wir sehen, dass es sich um eine Reihe von Revolutionen in der Produktions- und Tauschweise handelt

‫ما میبینیم که این یک سلسله انقلابها در شیوههای تولید و مبادله است.‬

Jeder Schritt der Bourgeoisie Entwicklung ging mit einem entsprechenden politischen Fortschritt einher

‫هر گام رشدی بورژوازی با یک پیشرفت سیاسی متناظر همراه بود.‬

Eine unterdrückte Klasse unter der Herrschaft des feudalen Adels

‫یک طبقه سرکوب شده تحت سلطه اشراف فئودالی‬

ein bewaffneter und selbstverwalteter Verein in der mittelalterlichen Kommune

‫یک انجمن مسلح و خودگردان در کمون قرون وسطی‬

hier eine unabhängige Stadtrepublik (wie in Italien und Deutschland)

‫در اینجا، یک جمهوری شهری مستقل)مانند ایتالیا و المان(‬

dort ein steuerpflichtiger "dritter Stand" der Monarchie (wie in Frankreich)

‫در انجا، "املاک سوم "مشمول مالیات سلطنت)مانند فرانسه(‬

Danach, in der Zeit der eigentlichen Herstellung

‫پس از ان، در دوره تولید مناسب‬

die Bourgeoisie diente entweder der halbfeudalen oder der
absoluten Monarchie

بورژوازی یا به سلطنت نیمه فئودالی خدمت می کرد یا به سلطنت مطلقه

oder die Bourgeoisie fungierte als Gegengewicht zum Adel

یا بورژوازی به عنوان ضدیت با اشراف عمل میکرد

und in der Tat war die Bourgeoisie ein Eckpfeiler der großen
Monarchien überhaupt

و در واقع، بورژوازی سنگ گوشه ای از سلطنت های بزرگ به طور
کلی بود

aber die moderne Industrie und der Weltmarkt haben sich
seitdem etabliert

اما صنعت مدرن و بازار جهانی از ان زمان به بعد خود را تثبیت کرد.

und die Bourgeoisie hat sich die ausschließliche politische
Herrschaft erobert

و بورژوازی برای خود سلطه سیاسی انحصاری را فتح کرده است

sie erreichte diese politische Herrschaft durch den
modernen repräsentativen Staat

این نفوذ سیاسی را از طریق دولت نماینده مدرن به دست اورد

Die Exekutive des modernen Staates ist nichts anderes als
ein Verwaltungskomitee

مدیران دولت مدرن فقط یک کمیته مدیریتی هستند

und sie leiten die gemeinsamen Angelegenheiten der
gesamten Bourgeoisie

و امور مشترک کل بورژوازی را اداره میکنند

Die Bourgeoisie hat historisch gesehen eine höchst
revolutionäre Rolle gespielt

بورژوازی، از لحاظ تاریخی، انقلابی ترین نقش را ایفا کرده است.

Wo immer sie die Oberhand gewann, machte sie allen
feudalen, patriarchalischen und idyllischen Verhältnissen
ein Ende

هر جا که دست بالا را می گرفت، به تمام روابط فئودالی، پدرسالارانه
و روستایی پایان می داد.

Sie hat erbarmungslos die bunten feudalen Bande zerrissen,
die den Menschen an seine "natürlichen Vorgesetzten"
banden

این بی رحمانه روابط فئودالی رنگارنگ را که انسان را به "مافوق طبیعی "خود متصل می کند، پاره کرده است.

Und es ist kein Nexus zwischen Mensch und Mensch übrig geblieben, außer nacktem Eigeninteresse

و هیچ ارتباطی بین انسان و انسان باقی نمانده است، به جز منافع شخصی برهنه

Die Beziehungen der Menschen zueinander sind zu nichts anderem geworden als zu einer gefühllosen "Geldzahlung"

روابط انسان با یکدیگر چیزی بیش از "پرداخت نقدی "بی رحمانه نیست

Sie hat die himmlischsten Ekstasen religiöser Inbrunst ertränkt

این شور و شوق اسمانی ترین شور و شوق مذهبی را غرق کرده است

sie hat ritterlichen Enthusiasmus und philiströsen Sentimentalismus übertönt

شور و شوق جوانمردانه و احساسات بیفرهنگی را غرق کرده است

Sie hat diese Dinge im eisigen Wasser des egoistischen Kalküls ertränkt

این چیزها را در اب یخ زده محاسبات خودخواهانه غرق کرده است

Sie hat den persönlichen Wert in Tauschwert aufgelöst

ارزش شخصی را به ارزش قابل مبادله تبدیل کرده است.

Sie hat die zahllosen und unveräußerlichen verbrieften Freiheiten ersetzt

این ازادیهای بی شمار و غیر قابل انکار را جایگزین کرده است

und sie hat eine einzige, skrupellose Freiheit geschaffen; Freihandel

و یک ازادی واحد و غیرمنطقی ایجاد کرده است.تجارت ازاد

Mit einem Wort, sie hat dies für die Ausbeutung getan

در یک کلمه، این کار را برای بهره برداری انجام داده است

Ausbeutung, verschleiert durch religiöse und politische Illusionen

استثماری که با توهمات مذهبی و سیاسی پوشیده شده بود

Ausbeutung verschleiert durch nackte, schamlose, direkte, brutale Ausbeutung

استثمار پوشیده از استثمار برهنه، بی شرمانه، مستقیم و وحشیانه

die Bourgeoisie hat den Heiligenschein von jedem zuvor geehrten und verehrten Beruf abgestreift

بورژوازی هاله را از هر اشغالی که قبلا مورد احترام و احترام قرار
گرفته است، برداشته است

der Arzt, der Advokat, der Priester, der Dichter und der
Mann der Wissenschaft

پزشک، وکیل، کشیش، شاعر و مرد علم

Sie hat diese ausgezeichneten Arbeiter in ihre bezahlten
Lohnarbeiter verwandelt

این کارگران برجسته را به کارگران مزدبگیر خود تبدیل کرده است

Die Bourgeoisie hat der Familie den sentimentalen Schleier
weggerissen

بورژوازی حجاب احساسی را از خانواده جدا کرده است

Und sie hat das Familienverhältnis auf ein bloßes
Geldverhältnis reduziert

و رابطه خانوادگی را به یک رابطه پولی صرف تقلیل داده است

die brutale Zurschaustellung der Kraft im Mittelalter, die
die Reaktionäre so sehr bewundern

نمایش وحشیانه قدرت در قرون وسطی که ارتجاعیان ان را بسیار
تحسین میکنند

Auch diese fand ihre passende Ergänzung in der trägesten
Trägheit

حتی این کار هم در تنبلی و تنبلی کامل بود

Die Bourgeoisie hat enthüllt, wie es dazu gekommen ist

بورژوازی فاش کرده است که چگونه همه اینها به وقوع می انجامد

Die Bourgeoisie war die erste, die gezeigt hat, was die
Tätigkeit des Menschen bewirken kann

بورژوازی نخستین کسی بود که نشان داد فعالیت انسان چه چیزی
میتواند به بار اورد.

Sie hat Wunder vollbracht, die ägyptische Pyramiden,
römische Aquädukte und gotische Kathedralen bei weitem
übertreffen

این شگفتی ها به مراتب فراتر از اهرام مصر، قنات های رومی و
کلیساهای گوتیک است.

und sie hat Expeditionen durchgeführt, die alle früheren
Auszüge von Nationen und Kreuzzügen in den Schatten
stellten

و سفرهایی را انجام داده است که تمام خروجهای پیشین ملتها و جنگهای صلیبی را در سایه قرار داده است

Die Bourgeoisie kann nicht existieren, ohne die Produktionsmittel ständig zu revolutionieren

بورژوازی نمیتواند بدون انقلابی مداوم در ابزارهای تولید وجود داشته باشد.

und damit kann sie nicht ohne ihre Beziehungen zur Produktion existieren

و از این طریق نمیتواند بدون روابطش با تولید وجود داشته باشد.

und deshalb kann sie nicht ohne ihre Beziehungen zur Gesellschaft existieren

و از این رو نمیتواند بدون روابطش با جامعه وجود داشته باشد

Alle früheren Industrieklassen hatten eine Bedingung gemeinsam

تمام طبقات صنعتی پیشین یک شرط مشترک داشتند

Sie setzten auf die Bewahrung der alten Produktionsweisen

انها متکی به حفظ شیوههای قدیمی تولید بودند

aber die Bourgeoisie brachte eine völlig neue Dynamik mit sich

اما بورژوازی با ان یک پویایی کاملا جدید به ارمغان اورد

Ständige Revolutionierung der Produktion und ununterbrochene Störung aller gesellschaftlichen Verhältnisse

انقلاب مداوم تولید و اختلال بی وقفه در تمام شرایط اجتماعی

diese immerwährende Unsicherheit und Unruhe unterscheidet die Epoche der Bourgeoisie von allen früheren

این عدم قطعیت و تحریک ابدی، دوران بورژوازی را از همه دورانهای پیشین متمایز میکند.

Die bisherigen Beziehungen zur Produktion waren mit alten und ehrwürdigen Vorurteilen und Meinungen verbunden

روابط قبلی با تولید با تعصبات و عقاید قدیمی و محترمی همراه بود

Aber all diese festgefahrenen, eingefrorenen Beziehungen werden hinweggefegt

اما تمام این روابط ثابت و سریع یخ زده از بین می رود

Alle neu gebildeten Verhältnisse werden antiquiert, bevor sie erstarren können

تمام روابط جدید قبل از اینکه بتوانند استخوانی شوند، قدیمی می شوند

Alles, was fest ist, zerschmilzt in Luft, und alles, was heilig ist, wird entweiht

هر چه جامد است در هوا ذوب می شود و هر چه مقدس است بی حرمتی می شود۔

Der Mensch ist endlich gezwungen, mit nüchternen Sinnen seinen wirklichen Lebensbedingungen ins Auge zu sehen

انسان در نهایت مجبور است با حواس هوشیار، شرایط واقعی زندگی خود روبرو شود

und er ist gezwungen, sich seinen Beziehungen zu seinesgleichen zu stellen

و مجبور است با همنوعان خود رو به رو شود

Die Bourgeoisie muss ständig ihre Märkte für ihre Produkte erweitern

بورژوازی دائما باید بازارهای خود را برای محصولاتش گسترش دهد۔

und deshalb wird die Bourgeoisie über die ganze Erdoberfläche gejagt

و به همین دلیل، بورژوازی در سراسر سطح جهان تعقیب می شود

Die Bourgeoisie muss sich überall einnisten, sich überall niederlassen, überall Verbindungen herstellen

بورژوازی باید در همه جا لانه کند، در همه جا مستقر شود، در همه جا ارتباط برقرار کند۔

Die Bourgeoisie muss in jedem Winkel der Welt Märkte schaffen, um sie auszubeuten

بورژوازی باید بازارهایی را در هر گوشه ای از جهان برای بهره برداری ایجاد کند۔

Die Produktion und der Konsum in jedem Land haben einen kosmopolitischen Charakter erhalten

تولید و مصرف در هر کشور یک شخصیت جهانی داده شده است

der Verdruss der Reaktionäre ist mit Händen zu greifen, aber er hat sich trotzdem fortgesetzt

غم و اندوه ارتجاعی ها قابل لمس است، اما بدون در نظر گرفتن ان ادامه یافته است

Die Bourgeoisie hat der Industrie den nationalen Boden, auf dem sie stand, unter den Füßen weggezogen

بورژوازی از زیر پای صنعت، زمینه ملی را که در ان ایستاده بود، به دست اورده است.

Alle alteingesessenen nationalen Industrien sind zerstört worden oder werden täglich zerstört

تمام صنایع ملی قدیمی نابود شده اند یا روزانه نابود می شوند

Alle alteingesessenen nationalen Industrien werden durch neue Industrien verdrängt

تمام صنایع ملی قدیمی توسط صنایع جدید از بین می رود

Ihre Einführung wird zu einer Frage von Leben und Tod für alle zivilisierten Völker

معرفی انها تبدیل به یک مسئله مرگ و زندگی برای همه ملت های متمدن می شود

Sie werden von Industrien verdrängt, die keine heimischen Rohstoffe mehr verarbeiten

انها توسط صنایعی که دیگر مواد خام بومی را کار نمی کنند، از بین می رود

Stattdessen beziehen diese Industrien Rohstoffe aus den entlegensten Zonen

در عوض، این صنایع مواد خام را از دور افتاده ترین مناطق می کشند

Industrien, deren Produkte nicht nur zu Hause, sondern in allen Teilen der Welt konsumiert werden

صنایعی که محصولات انها نه تنها در خانه بلکه در هر چهارم جهان مصرف می شود

An die Stelle der alten Bedürfnisse, die durch die Erzeugnisse des Landes befriedigt werden, treten neue Bedürfnisse

به جای خواسته های قدیمی، که از تولیدات کشور راضی هستند، خواسته های جدیدی پیدا می کنیم.

Diese neuen Bedürfnisse bedürfen zu ihrer Befriedigung der Produkte aus fernen Ländern und Klimazonen

این احتیاجات جدید برای ارضای انها به فراوردههای سرزمینهای دوردست و اقلیمها نیاز دارد

An die Stelle der alten lokalen und nationalen Abgeschiedenheit und Selbstversorgung tritt der Handel

به جای انزوا و خودکفایی قدیمی محلی و ملی، ما تجارت داریم

internationaler Austausch in alle Richtungen; universelle
Interdependenz der Nationen

تبادل بین المللی در هر جهت وابستگی جهانی ملتها

Und so wie wir von Materialien abhängig sind, so sind wir
von der intellektuellen Produktion abhängig

و همانطور که ما به مواد وابسته هستیم، ما به تولید فکری وابسته هستیم

Die geistigen Schöpfungen der einzelnen Nationen werden
zum Gemeingut

خلاقیت های فکری ملت ها به مالکیت مشترک تبدیل می شوند

Nationale Einseitigkeit und Engstirnigkeit werden immer
unmöglicher

یک طرفه بودن و کوته فکری ملی بیشتر و بیشتر غیرممکن می شود

Und aus den zahlreichen nationalen und lokalen Literaturen
entsteht eine Weltliteratur

و از ادبیات ملی و محلی متعدد، ادبیات جهانی بوجود می اید

durch die rasche Verbesserung aller Produktionsmittel

با بهبود سریع تمام ابزارهای تولید

durch die immens erleichterten Kommunikationsmittel

سوگند به ان که بسیار اسان است،

Die Bourgeoisie zieht alle (auch die barbarischsten
Nationen) in die Zivilisation hinein

بورژوازی همه)حتی وحشی ترین ملت ها (را به تمدن می کشاند

Die billigen Preise seiner Waren; die schwere Artillerie, die
alle chinesischen Mauern niederreißt

قیمت ارزان کالاهای ان توپخانه سنگین که تمام دیوارهای چینی را
ویران می کند

Der hartnäckige Fremdenhass der Barbaren wird zur
Kapitulation gezwungen

نفرت سرسختانه بربرها از خارجیها مجبور به تسلیم شدن است

Sie zwingt alle Nationen, unter Androhung des
Aussterbens, die Bourgeoisie Produktionsweise
anzunehmen

این همه ملت ها را مجبور می کند، در درد انقراض، شیوه تولید
بورژوازی را اتخاذ کنند

Sie zwingt sie, das, was sie Zivilisation nennt, in ihre Mitte
einzuführen

انها را مجبور می کند تا انچه را که تمدن می نامد به میان خود معرفی
کنند

Die Bourgeoisie zwingt die Barbaren, selbst zur Bourgeoisie zu werden

بورژوازی بربرها را مجبور می کند تا خود بورژوازی شوند

mit einem Wort, die Bourgeoisie schafft sich eine Welt nach ihrem Bilde

در یک کلام، بورژوازی دنیایی را پس از تصویر خود ایجاد می کند

Die Bourgeoisie hat das Land der Herrschaft der Städte unterworfen

بورژوازی روستا را تابع حکومت شهرها کرده است

Sie hat riesige Städte geschaffen und die Stadtbevölkerung stark vergrößert

شهرهای بزرگی ایجاد کرده و جمعیت شهری را به شدت افزایش داده
است۔

Sie rettete einen beträchtlichen Teil der Bevölkerung vor der Idiotie des Landlebens

بخش قابل توجهی از جمعیت را از حماقت زندگی روستایی نجات داد

Aber sie hat die Menschen auf dem Lande von den Städten abhängig gemacht

اما باعث شده است که کسانی که در حومه شهر هستند وابسته به شهرها
باشند

Und ebenso hat sie die barbarischen Länder von den zivilisierten abhängig gemacht

و به همین ترتیب، کشورهای بربر را وابسته به کشورهای متمدن کرده
است

Bauernnationen gegen Völker der Bourgeoisie, Osten gegen Westen

ملت های دهقانان در کشورهای بورژوازی، شرق در غرب

Die Bourgeoisie beseitigt den zerstreuten Zustand der Bevölkerung mehr und mehr

بورژوازی هر روز بیشتر و بیشتر وضعیت پراکنده مردم را از بین می
برد

Sie hat die Produktion agglomeriert und das Eigentum in wenigen Händen konzentriert

تولید را افزایش داده و مالکیت را در چند دست متمرکز کرده است

Die notwendige Konsequenz daraus war eine politische
Zentralisierung

نتیجه ضروری این امر تمرکز سیاسی بود.

Es gab unabhängige Nationen und lose miteinander
verbundene Provinzen

ملتهای مستقل و استانهای ببیند و بار دیگر به هم وصل بودند

Sie hatten getrennte Interessen, Gesetze, Regierungen und
Steuersysteme

انها منافع، قوانین، دولت ها و سیستم های مالیاتی جداگانه ای داشتند

Aber sie sind zu einer Nation zusammengeschmolzen, mit
einer Regierung

اما انها با هم به یک ملت تبدیل شده اند، با یک دولت

Sie haben jetzt ein nationales Klasseninteresse, eine Grenze
und einen Zolltarif

انها اکنون یک منافع طبقاتی ملی، یک مرز و یک تعرفه گمرکی دارند.

Und dieses nationale Klasseninteresse ist unter einem
Gesetzbuch vereinigt

و این منافع طبقاتی ملی تحت یک قانون متحد می شود

die Bourgeoisie hat während ihrer knapp hundertjährigen
Herrschaft viel erreicht

بورژوازی در طول حکومت صد ساله خود دستاوردهای زیادی کسب
کرده است

massivere und kolossalere Produktivkräfte als alle
vorhergehenden Generationen zusammen

نیروهای تولیدی عظیم تر و عظیم تر از همه نسل های قبلی با هم

Die Kräfte der Natur sind dem Willen des Menschen und
seiner Maschinerie unterworfen

نیروهای طبیعت مطیع اراده انسان و ماشین او هستند

Die Chemie wird auf alle Industrieformen und
Landwirtschaftsformen angewendet

شیمی به تمام اشکال صنعت و انواع کشاورزی اعمال می شود

Dampfschiffahrt, Eisenbahnen, elektrische Telegraphen und
die Druckerpresse

ناوبری بخار، راه اهن، تلگراف الکتریکی و دستگاه چاپ

Rodung ganzer Kontinente für den Anbau, Kanalisierung
von Flüssen

پاکسازی کل قاره ها برای کشت، کانالیزه کردن رودخانه ها

ganze Populationen wurden aus dem Boden gezaubert und
an die Arbeit gebracht

تمام جمعیت از زمین بیرون آورده شده و به کار گرفته شده است

Welches frühere Jahrhundert hatte auch nur eine Ahnung
von dem, was entfesselt werden könnte?

چه قرنی پیش پیش حتی تصوری از آنچه که می توانست ازاد شود داشت؟

Wer hat vorausgesagt, dass solche Produktivkräfte im Schoß
der gesellschaftlichen Arbeit schlummern?

چه کسی پیشبینی کرده بود که چنین نیروهای تولیدی در دامان کار
اجتماعی خفتهاند؟

Wir sehen also, daß die Produktions- und Tauschmittel in
der feudalen Gesellschaft erzeugt wurden

در این صورت میبینیم که وسائل تولید و مبادله در جامعه فئودالی تولید
شده است.

die Produktionsmittel, auf deren Grundlage sich die
Bourgeoisie aufbaute

وسایل تولید که بورژوازی بر پایه ان بنا شده بود

Auf einer bestimmten Stufe der Entwicklung dieser
Produktions- und Tauschmittel

در مرحله معینی از توسعه این وسایل تولید و مبادله

die Bedingungen, unter denen die feudale Gesellschaft
produzierte und tauschte

شرایطی که جامعه فئودالی تحت ان تولید و مبادله می کرد

Die feudale Organisation der Landwirtschaft und des
verarbeitenden Gewerbes

سازمان فئودالی کشاورزی و صنعت تولید

Die feudalen Eigentumsverhältnisse waren mit den
materiellen Verhältnissen nicht mehr vereinbar

مناسبات فئودالی مالکیت دیگر با شرایط مادی سازگار نبود

Sie mussten gesprengt werden, also wurden sie
auseinandergesprengt

انها باید از هم جدا میشدند، بنابراین از هم جدا میشدند۔

An ihre Stelle trat die freie Konkurrenz der Produktivkräfte

به جای انها رقابت ازاد از نیروهای مولد

Und sie wurden von einer ihr angepassten sozialen und
politischen Verfassung begleitet

و انها با یک قانون اساسی اجتماعی و سیاسی سازگار با ان همراه بودند

und sie wurde begleitet von der ökonomischen und
politischen Herrschaft der Bourgeoisie Klasse

و با نفوذ اقتصادی و سیاسی طبقه بورژوازی همراه بود

Eine ähnliche Bewegung vollzieht sich vor unseren eigenen
Augen

یک حرکت مشابه در مقابل چشمان ما در حال انجام است

Die moderne Bourgeoisie Gesellschaft mit ihren
Produktions-, Tausch- und Eigentumsverhältnissen

جامعه بورژوازی مدرن با روابط تولید و مبادله و مالکیت

eine Gesellschaft, die so gigantische Produktions- und
Tauschmittel heraufbeschworen hat

جامعهای که چنین ابزار عظیم تولید و مبادلهای را به وجود اورده است

Es ist wie der Zauberer, der die Mächte der Unterwelt
heraufbeschworen hat

مثل جادوگری که قدرتهای دنیای رو احضار کرده

Aber er ist nicht mehr in der Lage, zu kontrollieren, was er
in die Welt gebracht hat

اما او دیگر قادر نیست انچه را که به جهان اورده است کنترل کند

Viele Jahrzehnte lang war die vergangene Geschichte durch
einen roten Faden miteinander verbunden

برای چندین دهه تاریخ گذشته توسط یک موضوع مشترک به هم گره
خورده بود

Die Geschichte der Industrie und des Handels ist nichts
anderes als die Geschichte der Revolten

تاریخ صنعت و تجارت چیزی جز تاریخ طغیان نبوده است

die Revolten der modernen Produktivkräfte gegen die
modernen Produktionsbedingungen

شورش نیروهای تولیدی مدرن علیه شرایط مدرن تولید

die Revolten der modernen Produktivkräfte gegen die
Eigentumsverhältnisse

شورش نیروهای مولد مدرن علیه روابط مالکیت

diese Eigentumsverhältnisse sind die Bedingungen für die
Existenz der Bourgeoisie

این مناسبات مالکیت، شرایط وجود بورژوازی است.

und die Existenz der Bourgeoisie bestimmt die Regeln der Eigentumsverhältnisse

و وجود بورژوازی قواعد روابط مالکیت را تعیین میکند.

Es genügt, die periodische Wiederkehr von Handelskrisen zu erwähnen

کافی است به بازگشت دوره ای بحرانهای تجاری اشاره کنیم

jede Handelskrise ist für die Bourgeoisie Gesellschaft bedrohlicher als die letzte

هر بحران تجاری برای جامعه بورژوازی بیشتر از بحران قبلی تهدید کننده است.

In diesen Krisen wird ein großer Teil der bestehenden Produkte vernichtet

در این بحران ها بخش بزرگی از محصولات موجود نابود می شوند.

Diese Krisen zerstören aber auch die zuvor geschaffenen Produktivkräfte

اما این بحران ها همچنین نیروهای تولیدی که قبلا ایجاد شده اند را از بین می برد.

In allen früheren Epochen wären diese Epidemien als Absurdität erschienen

در تمام دورهای پیشین این بیماری همگیر به نظر مضحک میامد

denn diese Epidemien sind die kommerziellen Krisen der Überproduktion

زیرا این اپیدمی ها بحران های تجاری تولید بیش از حد هستند

Die Gesellschaft befindet sich plötzlich wieder in einem Zustand der momentanen Barbarei

جامعه ناگهان خود را به حالت بربریت لحظه ای باز می گرداند

als ob ein allgemeiner Verwüstungskrieg jede Möglichkeit des Lebensunterhalts abgeschnitten hätte

گویی جنگ جهانی ویرانی تمام وسایل معاش را قطع کرده است

Industrie und Handel scheinen zerstört worden zu sein; Und warum?

به نظر می رسد صنعت و تجارت نابود شده است.و چرا؟

Weil es zu viel Zivilisation und Subsistenzmittel gibt

زیرا تمدن و وسایل معیشت بیش از حد وجود دارد

Und weil es zu viel Industrie und zu viel Handel gibt

و از انجا که صنعت بیش از حد و تجارت بیش از حد وجود دارد

Die Produktivkräfte, die der Gesellschaft zur Verfügung
stehen, entwickeln nicht mehr das Bourgeoisie Eigentum

نیروهای مولد در اختیار جامعه دیگر مالکیت بورژوازی را توسعه نمی
دهند

im Gegenteil, sie sind zu mächtig geworden für diese
Verhältnisse, durch die sie gefesselt sind

برعکس، انها برای این شرایط بیش از حد قدرتمند شده اند، که توسط
انها بسته شده است

sobald sie diese Fesseln überwunden haben, bringen sie
Unordnung in die ganze Bourgeoisie Gesellschaft

به محض اینکه بر این زنجیرها غلبه کنند، بی نظمی را به کل جامعه
بورژوازی وارد می کنند.

und die Produktivkräfte gefährden die Existenz des
Bourgeoisie Eigentums

و نیروهای مولد وجود مالکیت بورژوازی را به خطر میاندازند.

Die Bedingungen der Bourgeoisie Gesellschaft sind zu eng,
um den von ihnen geschaffenen Reichtum zu erfassen

شرایط جامعه بورژوازی محدودتر از ان است که ثروت ایجاد شده
توسط انها را در بر بگیرد.

Und wie überwindet die Bourgeoisie diese Krisen?

بورژوازی چگونه بر این بحرانها غلبه میکند؟

Einerseits überwindet sie diese Krisen durch die
erzwungene Vernichtung einer Masse von Produktivkräften

از یک طرف، با تخریب اجباری توده ای از نیروهای تولیدی بر این
بحران ها غلبه می کند.

Andererseits überwindet sie diese Krisen durch die
Eroberung neuer Märkte

از سوی دیگر، با فتح بازارهای جدید بر این بحران ها غلبه می کند.

Und sie überwindet diese Krisen durch die gründlichere
Ausbeutung der alten Produktivkräfte

و با بهره‌برداری کاملتر از نیروهای کهن تولید بر این بحرانها فائق
میشود

Das heißt, indem sie den Weg für umfangreichere und
zerstörerischere Krisen ebnen

یعنی با هموار کردن راه برای بحرانهای گسترده‌تر و مخرب‌تر

Sie überwindet die Krise, indem sie die Mittel zur
Krisenprävention einschränkt

این بحران را با کاهش وسایلی که به وسیله ان از بحران جلوگیری می
شود، غلبه می کند

Die Waffen, mit denen die Bourgeoisie den Feudalismus zu
Fall brachte, sind jetzt gegen sich selbst gerichtet

سلاحهایی که بورژوازی با انها فئودالیسم را به زمین انداخت، اکنون
علیه خود تبدیل شده است.

Aber die Bourgeoisie hat nicht nur die Waffen geschmiedet,
die sich selbst den Tod bringen

اما نه تنها بورژوازی سلاح هایی را که مرگ را برای خود به ارمغان
می اورد، ساخته است.

Sie hat auch die Männer ins Leben gerufen, die diese
Waffen führen sollen

همچنین مردانی را که باید از این سلاحها استفاده کنند به وجود اورده
است

Und diese Männer sind die moderne Arbeiterklasse; Sie
sind die Proletarier

و این مردان طبقه کارگر مدرن هستند.انها پرولترها هستند

In dem Maße, wie die Bourgeoisie entwickelt ist, entwickelt
sich auch das Proletariat

به نسبتی که بورژوازی توسعه می یابد، پرولتاریا به همان نسبت توسعه
می یابد.

Die moderne Arbeiterklasse entwickelte eine Klasse von
Arbeitern

طبقه کارگر مدرن طبقه کارگر را توسعه داد

Diese Klasse von Arbeitern lebt nur so lange, wie sie Arbeit
findet

این طبقه از کارگران فقط تا زمانی که کار پیدا می کنند زندگی می کنند

Und sie finden nur so lange Arbeit, wie ihre Arbeit das
Kapital vermehrt

و فقط تا زمانی کار پیدا میکنند که کارشان سرمایه را افزایش دهد

Diese Arbeiter, die sich stückweise verkaufen müssen, sind
eine Ware

این کارگران، که باید خود را تکه تکه غذا بفروشند، یک کالا هستند

Diese Arbeiter sind wie jeder andere Handelsartikel

این کارگران مانند هر نوع تجارت دیگری هستند

und sie sind folglich allen Wechselfällen des Wettbewerbs ausgesetzt

و در نتیجه در معرض همه فراز و نشیبهای رقابت قرار میگیرند

Sie müssen alle Schwankungen des Marktes überstehen

انها باید تمام نوسانات بازار را تحمل کنند

Aufgrund des umfangreichen Maschineneinsatzes und der Arbeitsteilung

با توجه به استفاده گسترده از ماشین الات و تقسیم کار

Die Arbeit der Proletarier hat jeden individuellen Charakter verloren

کار پرولترها تمام خصوصیات فردی خود را از دست داده است

Und folglich hat die Arbeit der Proletarier für den Arbeiter jeden Reiz verloren

و در نتیجه، کار پرولترها تمام جذابیت خود را برای کارگر از دست داده است

Er wird zu einem Anhängsel der Maschine und nicht mehr zu dem Mann, der er einmal war

او به جای مردی که زمانی بود، ضمیمه ماشین می شود.

Nur das einfachste, eintönigste und am leichtesten zu erwerbende Geschick wird von ihm verlangt

فقط سادهترین، یکنواختترین و اسانتر به دست امده از او لازم است

Daher sind die Produktionskosten eines Arbeiters begrenzt

از این رو، هزینه تولید یک کار محدود است

sie beschränkt sich fast ausschließlich auf die Mittel zur Bestreitung des Lebensunterhalts, die er zu seinem Unterhalt benötigt

تقریبا به طور کامل به وسایل معیشتی که او برای نگهداری خود نیاز دارد محدود شده است

und sie beschränkt sich auf die Subsistenzmittel, die er zur Fortpflanzung seiner Rasse benötigt

و این امر به وسایل معیشتی که او برای تبلیغ نژاد خود نیاز دارد محدود میشود

Aber der Preis einer Ware, also auch der Arbeit, ist gleich ihren Produktionskosten

اما قیمت یک کالا و در نتیجه کار برابر با هزینه تولید ان است.

In dem Maße also, wie die Widerwärtigkeit der Arbeit zunimmt, sinkt der Lohn

بنابراین، به نسبت، با افزایش نفرت انگیز بودن کار، دستمزد کاهش می یابد.

Ja, die Widerwärtigkeit seiner Arbeit nimmt sogar noch mehr zu

نه، نفرت انگیز بودن کار او با سرعت بیشتری افزایش می یابد

In dem Maße, wie der Einsatz von Maschinen und die Arbeitsteilung zunehmen, steigt auch die Last der Arbeit

همانطور که استفاده از ماشین الات و تقسیم کار افزایش می یابد، بار کار نیز افزایش می یابد

Die Arbeitsbelastung wird durch die Verlängerung der Arbeitszeit erhöht

بار کار با طولانی شدن ساعات کار افزایش می یابد

Dem Arbeiter wird in der gleichen Zeit mehr zugemutet als zuvor

انتظار می رود که کارگر در همان زمان قبل

Und natürlich wird die Last der Arbeit durch die Geschwindigkeit der Maschinerie erhöht

و البته بار کار با سرعت ماشین الات افزایش می یابد

Die moderne Industrie hat die kleine Werkstatt des patriarchalischen Meisters in die große Fabrik des industriellen Kapitalisten verwandelt

صنعت مدرن کارگاه کوچک استاد پدرسالار را به کارخانه بزرگ سرمایهدار صنعتی تبدیل کرده است.

Massen von Arbeitern, die in die Fabrik gedrängt sind, sind wie Soldaten organisiert

توده های کارگری که در کارخانه جمع شده اند، مانند سربازان سازماندهی می شوند.

Als Gefreite der Industriearmee stehen sie unter dem Kommando einer vollkommenen Hierarchie von Offizieren und Unteroffizieren

انها به عنوان سربازان ارتش صنعتی تحت فرماندهی یک سلسله مراتب کامل از افسران و گروهبانان قرار می گیرند

sie sind nicht nur die Sklaven der Bourgeoisie und des Staates

انها نه تنها بردگان طبقه بورژوازی و دولت هستند

Aber sie werden auch täglich und stündlich von der
Maschine versklavt

اما انها همچنین روزانه و ساعتی توسط دستگاه به بردگی گرفته می
شوند

sie sind Sklaven des Aufsehers und vor allem des einzelnen
Bourgeoisie Fabrikanten selbst

انها توسط بیش از حد نگاه کننده و بالاتر از همه توسط خود تولید کننده
بورژوازی فردی برده می شوند.

Je offener dieser Despotismus den Gewinn als seinen Zweck
und sein Ziel proklamiert, desto kleinlicher, verhaßter und
verbitterender ist er

،هر چه این استبداد اشکارا اعلام کند که سود هدف و هدف ان است
کوچک تر، نفرت انگیزتر و تلخ تر است.

Je mehr sich die moderne Industrie entwickelt, desto
geringer sind die Unterschiede zwischen den Geschlechtern

هر چه صنعت مدرن تر توسعه یابد، تفاوت بین جنس ها کمتر است.

Je geringer die Geschicklichkeit und Kraftanstrengung der
Handarbeit ist, desto mehr wird die Arbeit der Männer von
der der Frauen verdrängt

هر چه مهارت و اعمال قدرت در کار دستی کمتر باشد، کار مردان
بیشتر از زنان جایگزین می شود.

Alters- und Geschlechtsunterschiede haben für die
Arbeiterklasse keine besondere gesellschaftliche Gültigkeit
mehr

تفاوت سن و جنس دیگر هیچ اعتبار اجتماعی مشخصی برای طبقه
کارگر ندارد.

Alle sind Arbeitsinstrumente, die je nach Alter und
Geschlecht mehr oder weniger teuer zu gebrauchen sind

همه ابزار کار هستند، کم و بیش گران برای استفاده، با توجه به سن و
جنس انها

sobald der Arbeiter seinen Lohn in bar erhält, wird er von
den übrigen Teilen der Bourgeoisie angegriffen

به محض اینکه کارگر دستمزد خود را به صورت نقدی دریافت می
کند، توسط بخش های دیگر بورژوازی تعیین می شود

der Vermieter, der Ladenbesitzer, der Pfandleiher usw

صاحبخانه، مغازه دار، دلال رهنی و غیره

Die unteren Schichten der Mittelschicht; die kleinen Handwerker und Ladenbesitzer

اقشار پایین طبقه متوسط؛ تاجران کوچک و مغازه داران

die pensionierten Gewerbetreibenden überhaupt, die Handwerker und Bauern

به طور کلی بازرگانان بازنشسته و صنایع دستی و دهقانان

all dies sinkt allmählich in das Proletariat ein

همه اینها به تدریج در پرولتاریا فرو می رفتند

theils deshalb, weil ihr winziges Kapital nicht ausreicht für den Maßstab, in dem die moderne Industrie betrieben wird

تا حدودی به این دلیل که سرمایه کوچک انها برای مقیاسی که صنعت مدرن در ان انجام می شود کافی نیست

und weil sie in der Konkurrenz mit den Großkapitalisten überschwemmt wird

و چون در رقابت با سرمایهداران بزرگ غرق شده است

zum Teil deshalb, weil ihr spezialisiertes Können durch die neuen Produktionsmethoden wertlos wird

بخشی از ان به این دلیل است که مهارت تخصصی انها با روشهای جدید تولید بیارزش شده است.

So rekrutiert sich das Proletariat aus allen Klassen der Bevölkerung

بدین ترتیب پرولتاریا از همه طبقات جمعیت استخدام می شود

Das Proletariat durchläuft verschiedene Entwicklungsstufen

پرولتاریا مراحل مختلف تکامل را طی میکند

Mit ihrer Geburt beginnt der Kampf mit der Bourgeoisie

با تولد ان مبارزه خود را با بورژوازی اغاز می کند

Zuerst wird der Kampf von einzelnen Arbeitern geführt

در ابتدا مسابقه توسط کارگران فردی انجام می شود

Dann wird der Kampf von den Arbeitern einer Fabrik ausgetragen

بعد از ان، کارگر کارخانهای مسابقه را ادامه خواهد داد

Dann wird der Kampf von den Arbeitern eines Gewerbes an einem Ort ausgetragen

سپس مسابقه توسط عاملان یک تجارت، در یک محل انجام می شود

und der Kampf richtet sich dann gegen die einzelne
Bourgeoisie, die sie direkt ausbeutet

و سپس مبارزه علیه بورژوازی فردی است که مستقیما انها را استثمار
می کند

Sie richten ihre Angriffe nicht gegen die Bourgeoisie
Produktionsbedingungen

انها حملات خود را نه علیه شرایط تولید بورژوازی هدایت میکنند۔

aber sie richten ihren Angriff gegen die Produktionsmittel
selbst

بلکه خودشان به ابزار تولید حمله میکنند

Sie vernichten importierte Waren, die mit ihrer Arbeitskraft
konkurrieren

انها کالاهای وارداتی را که با کار انها رقابت می کنند، نابود می کنند

Sie zertrümmern Maschinen und setzen Fabriken in Brand

انها ماشین الات را خرد می کنند و کارخانه ها را به اتش می کشد

sie versuchen, den verschwundenen Status des Arbeiters des
Mittelalters mit Gewalt wiederherzustellen

انها به دنبال بازگرداندن وضعیت از دست رفتهی کارگری قرون
وسطی هستند

In diesem Stadium bilden die Arbeiter noch eine
unzusammenhängende Masse, die über das ganze Land
verstreut ist

در این مرحله کارگران هنوز یک توده نامنسجم را تشکیل می دهند که
در سراسر کشور پراکنده است

und sie werden durch ihre gegenseitige Konkurrenz
zerrissen

و انها با رقابت متقابلشان از هم می پاشند

Wenn sie sich irgendwo zu kompakteren Körpern
vereinigen, so ist dies noch nicht die Folge ihrer eigenen
aktiven Vereinigung

اگر انها در هر جایی متحد شوند تا بدن های جمع و جور بیشتری را
تشکیل دهند، این هنوز نتیجه اتحاد فعال خود انها نیست۔

aber es ist eine Folge der Vereinigung der Bourgeoisie, ihre
eigenen politischen Ziele zu erreichen

اما این نتیجه اتحاد بورژوازی است که به اهداف سیاسی خود دست یابد

die Bourgeoisie ist gezwungen, das ganze Proletariat in Bewegung zu setzen

بورژوازی مجبور است کل پرولتاریا را به حرکت دراورد

und überdies ist die Bourgeoisie eine Zeitlang dazu in der Lage

و علاوه بر این، برای مدتی، بورژوازی قادر به انجام این کار است

In diesem Stadium kämpfen die Proletarier also nicht gegen ihre Feinde

بنابراین، در این مرحله، پرولتاریا با دشمنان خود نمیجنگد.

Stattdessen kämpfen sie gegen die Feinde ihrer Feinde

اما در عوض انها در حال مبارزه با دشمنان دشمنان خود هستند

Der Kampf gegen die Überreste der absoluten Monarchie und die Großgrundbesitzer

مبارزه با بقایای سلطنت مطلقه و زمینداران

sie bekämpfen die nicht-industrielle Bourgeoisie; das Kleiliche Bourgeoisie

انها با بورژوازی غیر صنعتی میجنگند.خرده بورژوازی

So ist die ganze historische Bewegung in den Händen der Bourgeoisie konzentriert

بدین ترتیب تمام جنبش تاریخی در دست بورژوازی متمرکز شده است.

jeder so errungene Sieg ist ein Sieg der Bourgeoisie

هر پیروزی که به دست امده، پیروزی بورژوازی است.

Aber mit der Entwicklung der Industrie wächst nicht nur die Zahl des Proletariats

اما با توسعه صنعت، پرولتاریا نه تنها تعداد انها را افزایش میدهد.

das Proletariat konzentriert sich in größeren Massen und seine Kraft wächst

پرولتاریا در توده های بزرگتر متمرکز می شود و قدرت ان رشد می کند

und das Proletariat spürt diese Kraft mehr und mehr

و پرولتاریا این قدرت را بیشتر و بیشتر احساس می کند

Die verschiedenen Interessen und Lebensbedingungen in den Reihen des Proletariats gleichen sich mehr und mehr an

منافع و شرایط مختلف زندگی در صفوف پرولتاریا بیشتر و بیشتر برابر است.

sie werden in dem Maße größer, wie die Maschinerie alle
Unterschiede der Arbeit verwischt

،انها به همان اندازه که ماشین تمام تمایزات کار را از بین می برد
متناسب تر می شوند

Und die Maschinen senken fast überall die Löhne auf das
gleiche niedrige Niveau

و ماشین الات تقریبا در همه جا دستمزدها را به همان سطح پایین
کاهش می دهد

Die wachsende Konkurrenz der Bourgeoisie und die daraus
resultierenden Handelskrisen lassen die Löhne der Arbeiter
immer schwankender

رقابت فزاینده میان بورژوازی و بحرانهای تجاری ناشی از ان، دستمزد
کارگران را بیش از پیش در نوسان قرار داده است.

Die unaufhörliche Verbesserung der sich immer schneller
entwickelnden Maschinen macht ihren Lebensunterhalt
immer prekärer

،بهبود بی وقفه ماشین الات، که با سرعت بیشتری در حال توسعه است
معیشت انها را بیشتر و بیشتر متزلزل می کند۔

die Kollisionen zwischen einzelnen Arbeitern und
einzelnen Bourgeoisien nehmen immer mehr den Charakter
von Zusammenstößen zwischen zwei Klassen an

تصاوت میان کارگران منفرد و بورژوازی هر روز بیشتر و بیشتر
خصلت تصادمی بین دو طبقه را به خود می گیرد

Darauf beginnen die Arbeiter, sich gegen die Bourgeoisie zu
verbünden (Gewerkschaften)

از این رو کارگران شروع به شکل دادن به ترکیب)اتحادیههای
کارگری (علیه بورژوازی میکنند۔

Sie schließen sich zusammen, um die Löhne hoch zu halten

انها با هم باشگاه می کنند تا نرخ دستمزد را حفظ کنند

sie gründeten ständige Vereinigungen, um für diese
gelegentlichen Revolten im voraus Vorsorge zu treffen

انها انجمنهای دائمی تشکیل دادند تا از قبل برای این شورشهای گاه به
گاه اماده شوند

Hier und da bricht der Wettkampf in Ausschreitungen aus

اینجا و انجا مسابقه به شورش تبدیل می شود

Hin und wieder siegen die Arbeiter, aber nur für eine gewisse Zeit

اکنون و پس از ان کارگران پیروز می شوند، اما فقط برای مدتی

Die wirkliche Frucht ihrer Kämpfe liegt nicht in den unmittelbaren Ergebnissen, sondern in der immer größer werdenden Vereinigung der Arbeiter

ثمره واقعی نبردهای انها نه در نتیجه فوری، بلکه در اتحادیه در حال گسترش کارگران نهفته است۔

Diese Vereinigung wird durch die verbesserten Kommunikationsmittel unterstützt, die von der modernen Industrie geschaffen werden

این اتحادیه با استفاده از وسایل ارتباطی بهبود یافته که توسط صنعت مدرن ایجاد می شود، کمک می کند۔

Die moderne Kommunikation bringt die Arbeiter verschiedener Orte miteinander in Kontakt

ارتباطات مدرن کارگران مناطق مختلف را در تماس با یکدیگر قرار می دهد

Es war gerade dieser Kontakt, der nötig war, um die zahlreichen lokalen Kämpfe zu einem nationalen Kampf zwischen den Klassen zu zentralisieren

فقط همین تماس بود که برای متمرکز کردن مبارزات متعدد محلی در یک مبارزه ملی بین طبقات لازم بود۔

Alle diese Kämpfe haben den gleichen Charakter, und jeder Klassenkampf ist ein politischer Kampf

همه این مبارزات ماهیت یکسانی دارند و هر مبارزه طبقاتی یک مبارزه سیاسی است۔

die Bürger des Mittelalters mit ihren elenden Landstraßen brauchten Jahrhunderte, um ihre Vereinigungen zu bilden

مردم قرون وسطی، با بزرگراههای بدبختانه خود، قرنها طول کشید تا اتحادیههای خود را تشکیل دهند۔

Die modernen Proletarier erreichen dank der Eisenbahn ihre Gewerkschaften innerhalb weniger Jahre

پرولتاریای مدرن، به لطف راه اهن، اتحادیه های خود را در عرض چند سال به دست می اورند

Diese Organisation der Proletarier zu einer Klasse formte sie folglich zu einer politischen Partei

این سازمان پرولترها به صورت یک طبقه در نتیجه انها را به یک حزب سیاسی تبدیل کرد.

Die politische Klasse wird immer wieder durch die Konkurrenz zwischen den Arbeitern selbst verärgert

طبقه سیاسی پیوسته از رقابت بین خود کارگران ناراحت است

Aber die politische Klasse erhebt sich weiter, stärker, fester, mächtiger

اما طبقه سیاسی همچنان دوباره قیام می کند، قوی تر، محکم تر، قوی تر.

Er zwingt zur gesetzgeberischen Anerkennung der besonderen Interessen der Arbeitnehmer

این امر به رسمیت شناختن قانونی منافع خاص کارگران را مجبور می کند

sie tut dies, indem sie sich die Spaltungen innerhalb der Bourgeoisie selbst zunutze macht

این کار را با بهره گیری از تقسیمات بین خود بورژوازی انجام می دهد

Damit wurde das Zehnstundengesetz in England in Kraft gesetzt

بدین ترتیب لایحه ده ساعت در انگلستان به قانون تبدیل شد

in vielerlei Hinsicht ist der Zusammenstoß zwischen den Klassen der alten Gesellschaft ferner der Entwicklungsgang des Proletariats

از بسیاری جهات تصاوت طبقات جامعه کهن بیشتر مسیر تکامل پرولتاریا است.

Die Bourgeoisie befindet sich in einem ständigen Kampf

بورژوازی خود را درگیر نبردی دائمی میبیند

Zuerst wird sie sich in einem ständigen Kampf mit der Aristokratie wiederfinden

در ابتدا خود را درگیر یک نبرد مداوم با اشراف خواهد یافت

später wird sie sich in einem ständigen Kampf mit diesen Teilen der Bourgeoisie selbst wiederfinden

بعدا خود را درگیر نبرد دائمی با ان بخشهای بورژوازی خواهد یافت

und ihre Interessen werden dem Fortschritt der Industrie entgegengesetzt sein

و منافع انها در تضاد با پیشرفت صنعت خواهد بود

zu allen Zeiten werden ihre Interessen mit der Bourgeoisie fremder Länder in Konflikt geraten sein

در همه زمانها، منافع انها با بورژوازی کشورهای خارجی در تضاد خواهد بود.

In allen diesen Kämpfen sieht sie sich genötigt, an das Proletariat zu appellieren, und bittet es um Hilfe

در تمام این نبردها خود را مجبور به درخواست از پرولتاریا میبیند و از او کمک میخواهد.

Und so wird sie sich gezwungen sehen, sie in die politische Arena zu zerren

و بنابراین، احساس خواهد کرد که مجبور خواهد شد ان را به عرصه سیاسی بکشاند

Die Bourgeoisie selbst versorgt also das Proletariat mit ihren eigenen Instrumenten der politischen und allgemeinen Erziehung

بنابراین، خود بورژوازی ابزار اموزش سیاسی و عمومی خود را برای پرولتاریا فراهم می کند.

mit anderen Worten, sie liefert dem Proletariat Waffen für den Kampf gegen die Bourgeoisie

به عبارت دیگر، پرولتاریا را با سلاح برای مبارزه با بورژوازی فراهم می کند

Ferner werden, wie wir schon gesehen haben, ganze Schichten der herrschenden Klassen in das Proletariat hineingestürzt

علاوه بر این، همانطور که قبلا دیدیم، کل بخش های طبقات حاکم در پرولتاریا شتاب می گیرند.

der Fortschritt der Industrie saugt sie in das Proletariat hinein

پیشرفت صنعت انها را به پرولتاریا می مکد

oder zumindest sind sie in ihren Existenzbedingungen bedroht

یا حداقل، انها در شرایط وجود خود تهدید می شوند

Diese versorgen auch das Proletariat mit frischen Elementen der Aufklärung und des Fortschritts

اینها همچنین عناصر تازه روشنگری و پیشرفت را برای پرولتاریا تامین می کنند.

Endlich, in Zeiten, in denen sich der Klassenkampf der entscheidenden Stunde nähert

سرانجام، در زمانی که مبارزه طبقاتی به ساعت تعیین کننده نزدیک می شود

Der Auflösungsprozess innerhalb der herrschenden Klasse

روند انحلال که در درون طبقه حاکم در جریان است

In der Tat wird die Auflösung, die sich innerhalb der herrschenden Klasse vollzieht, in der gesamten Bandbreite der Gesellschaft zu spüren sein

در واقع، انحلال در طبقه حاکمه در کل جامعه احساس خواهد شد.

Sie wird einen so gewalttätigen, krassen Charakter annehmen, dass ein kleiner Teil der herrschenden Klasse sich selbst abtreibt

چنان شخصیت خشن و اشکاری خواهد داشت که بخش کوچکی از طبقه حاکمه خود را سرگردان میکند

Und diese herrschende Klasse wird sich der revolutionären Klasse anschließen

و طبقه حاکم به طبقه انقلابی ملحق خواهد شد

Die revolutionäre Klasse ist die Klasse, die die Zukunft in ihren Händen hält

طبقه انقلابی همان طبقه ای است که اینده را در دستان خود دارد

Wie in früheren Zeiten ging ein Teil des Adels zur Bourgeoisie über

درست مانند دوره گذشته، بخشی از اشراف به بورژوازی واگذار شد.

ebenso wird ein Teil der Bourgeoisie zum Proletariat übergehen

همانطور که بخشی از بورژوازی به پرولتاریا خواهد رسید

insbesondere wird ein Teil der Bourgeoisie zu einem Teil der Bourgeoisie Ideologen übergehen

به ویژه، بخشی از بورژوازی به بخشی از ایدئولوگهای بورژوازی خواهد رسید.

Bourgeoisie Ideologen, die sich auf die Ebene erhoben haben, die historische Bewegung als Ganzes theoretisch zu begreifen

ایدئولوژیستهای بورژوازی که خود را تا سطح درک تئوریک جنبش تاریخی به عنوان یک کل بالا بردهاند

Von allen Klassen, die heute der Bourgeoisie gegenüberstehen, ist das Proletariat allein eine wirklich revolutionäre Klasse

،از میان تمام طبقاتی که امروز با بورژوازی رو در رو هستند پرولتاریا به تنهایی یک طبقه واقعا انقلابی است۔

Die anderen Klassen zerfallen und verschwinden schließlich im Angesicht der modernen Industrie

طبقات دیگر از بین می روند و در نهایت در مواجهه با صنعت مدرن ناپدید می شوند

das Proletariat ist ihr besonderes und wesentliches Produkt

پرولتاریا محصول ویژه و اساسی ان است

Die untere Mittelschicht, der kleine Fabrikant, der Ladenbesitzer, der Handwerker, der Bauer

طبقه متوسط پایین، تولید کننده کوچک، مغازه دار، صنعتگر، دهقان

all diese Kämpfe gegen die Bourgeoisie

تمام این نبردها علیه بورژوازی

Sie kämpfen als Fraktionen der Mittelschicht, um sich vor dem Aussterben zu retten

انها به عنوان بخشی از طبقه متوسط مبارزه می کنند تا خود را از انقراض نجات دهند

Sie sind also nicht revolutionär, sondern konservativ

بنابراین انها انقلابی نیستند، بلکه محافظه کار هستند۔

Ja, mehr noch, sie sind reaktionär, denn sie versuchen, das Rad der Geschichte zurückzudrehen

نه بیشتر، انها ارتجاعی هستند، زیرا انها سعی می کنند چرخ تاریخ را به عقب برگردانند

Wenn sie zufällig revolutionär sind, so sind sie es nur im Hinblick auf ihre bevorstehende Überführung in das Proletariat

اگر اتفاقا انقلابی باشند، فقط به خاطر انتقال قریب الوقوع خود به پرولتاریا هستند۔

Sie verteidigen also nicht ihre gegenwärtigen, sondern ihre zukünftigen Interessen

بنابراین انها از حال حاضر خود دفاع نمی کنند، بلکه از منافع اینده خود دفاع می کنند۔

sie verlassen ihren eigenen Standpunkt, um sich auf den des
Proletariats zu stellen

انها موضع خود را رها میکنند تا خود را در جایگاه پرولتاریا قرار دهند

Die »gefährliche Klasse«, der soziale Abschaum, diese
passiv verrottende Masse, die von den untersten Schichten
der alten Gesellschaft abgeworfen wird

طبقه خطرناک"، تفاله اجتماعی، که توده منفعلانه پوسیده ای که توسط"
پایین ترین لایه های جامعه قدیمی پرتاب می شود

sie können hier und da von einer proletarischen Revolution
in die Bewegung hineingerissen werden

انها ممکن است، اینجا و انجا، توسط یک انقلاب پرولتری به جنبش
کشیده شوند

Seine Lebensbedingungen bereiten ihn jedoch viel mehr auf
die Rolle eines bestochenen Werkzeugs reaktionärer
Intrigen vor

با این حال، شرایط زندگی ان، ان را بسیار بیشتر برای بخشی از یک
ابزار رشوه ای از فتنه ارتجاعی اماده می کند

In den Verhältnissen des Proletariats sind die Verhältnisse
der alten Gesellschaft im Allgemeinen bereits praktisch
überschwemmt

در شرایط پرولتاریا، شرایط جامعه قدیمی به طور کلی در حال حاضر
عملا غرق شده است

Der Proletarier ist ohne Eigentum

پرولتر بدون مالکیت است

sein Verhältnis zu Frau und Kindern hat mit den
Familienverhältnissen der Bourgeoisie nichts mehr gemein

رابطه او با همسر و فرزندانش دیگر هیچ وجه اشتراکی با روابط
خانوادگی بورژوازی ندارد۔

moderne industrielle Arbeit, moderne Unterwerfung unter
das Kapital, dasselbe in England wie in Frankreich, in
Amerika wie in Deutschland

کار صنعتی مدرن، انقیادی مدرن در برابر سرمایه، همان در انگلستان
که در فرانسه، در امریکا و المان

Seine Stellung in der Gesellschaft hat ihm jede Spur von
nationalem Charakter genommen

وضع او در اجتماع، او را از هر نشانه ای از شخصیت ملی محروم کرده است

Gesetz, Moral, Religion sind für ihn so viele Bourgeoisie Vorurteile

قانون، اخلاق، مذهب، برای او بسیاری از تعصبات بورژوازی است

und hinter diesen Vorurteilen lauern ebenso viele Bourgeoisie Interessen

و در پس این پیشداوریها به همان اندازه منافع بورژوازی کمین کرده است

Alle vorhergehenden Klassen, die die Oberhand gewannen, versuchten, ihren bereits erworbenen Status zu festigen

تمام طبقات قبلی که دست بالا را به دست اوردند، به دنبال تقویت وضعیت خود بودند که قبلا به دست اورده بودند

Sie taten dies, indem sie die Gesellschaft als Ganzes ihren Aneignungsbedingungen unterwarfen

انها این کار را با قرار دادن جامعه در شرایط تخصیص خود انجام دادند

Die Proletarier können nicht Herren der Produktivkräfte der Gesellschaft werden

پرولترها نمیتوانند ارباب نیروهای مولد جامعه شوند

Sie kann dies nur tun, indem sie ihre eigene bisherige Aneignungsweise abschafft

این کار را فقط با لغو شیوه قبلی تخصیص بودجه خود میتواند انجام دهد

Und damit hebt sie auch jede andere bisherige Aneignungsweise auf

و از این طریق هر نوع تخصیص قبلی را لغو می کند

Sie haben nichts Eigenes zu sichern und zu festigen

انها هیچ چیز برای تامین امنیت و تقویت ندارند

Ihre Aufgabe ist es, alle bisherigen Sicherheiten und Versicherungen für individuelles Eigentum zu vernichten

ماموریت انها از بین بردن تمام اوراق بهادار قبلی و بیمه اموال فردی است۔

Alle bisherigen historischen Bewegungen waren Bewegungen von Minderheiten

تمام جنبشهای تاریخی پیشین جنبشهای اقلیتها بودند۔

oder es handelte sich um Bewegungen im Interesse von Minderheiten

یا جنبشهایی بودند که به نفع اقلیتها بود

Die proletarische Bewegung ist die selbstbewusste, selbständige Bewegung der ungeheuren Mehrheit

جنبش پرولتری، جنبش خودآگاه و مستقل اکثریت عظیم است.

Und es ist eine Bewegung im Interesse der großen Mehrheit

و این حرکتی است که به نفع اکثریت عظیم است

Das Proletariat, die unterste Schicht unserer heutigen Gesellschaft

پرولتاریا، پایین ترین طبقه جامعه فعلی ما

Sie kann sich nicht regen oder erheben, ohne daß die ganze übergeordnete Schicht der offiziellen Gesellschaft in die Luft geschleudert wird

نمیتواند به جنبش در اید یا خود را به بالا ببرد، بدون اینکه تمام قشرهای بالای جامعه رسمی به هوا پرتاب شود

Der Kampf des Proletariats mit der Bourgeoisie ist, wenn auch nicht der Substanz nach, doch zunächst ein nationaler Kampf

گرچه مبارزه پرولتاریا با بورژوازی نه در اصل، بلکه در شکل، در ابتدا یک مبارزه ملی است.

Das Proletariat eines jeden Landes muss natürlich vor allem mit seiner eigenen Bourgeoisie abrechnen

پرولتاریای هر کشور، البته، باید اول از همه مسائل را با بورژوازی خود حل و فصل کند.

Indem wir die allgemeinsten Phasen der Entwicklung des Proletariats schilderten, verfolgten wir den mehr oder weniger verhüllten Bürgerkrieg

در به تصویر کشیدن عمومی ترین مراحل توسعه پرولتاریا، ما جنگ داخلی کم و بیش پنهان را ردیابی کردیم.

Diese Zivilgesellschaft wütet in der bestehenden Gesellschaft

این مدنی در جامعه موجود خشمگین است

Er wird bis zu dem Punkt wüten, an dem dieser Krieg in eine offene Revolution ausbricht

تا جایی که این جنگ به انقلاب اشکار تبدیل شود، خشمگین خواهد شد.

und dann legt der gewaltsame Sturz der Bourgeoisie die Grundlage für die Herrschaft des Proletariats

و سپس سرنگونی خشونت امیز بورژوازی پایه و اساس نفوذ پرولتاریا را می‌گذارد

Bisher beruhte jede Gesellschaftsform, wie wir bereits gesehen haben, auf dem Antagonismus unterdrückender und unterdrückter Klassen

تا کنون، هر شکلی از جامعه، همانطور که قبلا دیده ایم، بر اساس تضاد طبقات سرکوبگر و سرکوب شده است.

Um aber eine Klasse zu unterdrücken, müssen ihr gewisse Bedingungen zugesichert werden

اما برای سرکوب یک طبقه، باید شرایط خاصی برای ان تضمین شود.

Die Klasse muss unter Bedingungen gehalten werden, unter denen sie wenigstens ihre sklavische Existenz fortsetzen kann

طبقه باید در شرایطی حفظ شود که حداقل بتواند به وجود بردهوار خود ادامه دهد.

Der Leibeigene erhob sich in der Zeit der Leibeigenschaft zum Mitglied der Kommune

رعیت، در دوره رعیتی، خود را به عضویت در کمون بزرگ کرد

so wie es dem Kleinbourgeoisie unter dem Joch des feudalen Absolutismus gelang, sich zur Bourgeoisie zu entwickeln

درست همانطور که خرده بورژوازی، تحت یوغ استبداد فئودالی، موفق شد به یک بورژوازی تبدیل شود.

Der moderne Arbeiter dagegen sinkt, anstatt sich mit dem Fortschritt der Industrie zu erheben, immer tiefer

برعکس، کارگر مدرن، به جای اینکه با پیشرفت صنعت رشد کند عمیق تر و عمیق تر غرق می شود.

Er sinkt unter die Existenzbedingungen seiner eigenen Klasse

او در زیر شرایط زندگی طبقه خود فرو می فرستد

Er wird ein Bettler, und der Pauperismus entwickelt sich schneller als Bevölkerung und Reichtum

او به یک گدا تبدیل می شود و فقر سریعتر از جمعیت و ثروت توسعه می یابد.

Und hier zeigt sich, dass die Bourgeoisie nicht mehr geeignet ist, die herrschende Klasse in der Gesellschaft zu sein

و در اینجا اشکار می شود که بورژوازی دیگر برای طبقه حاکم در جامعه نامناسب است.

und sie ist ungeeignet, der Gesellschaft ihre Existenzbedingungen als übergeordnetes Gesetz aufzuzwingen

و برای تحمیل شرایط زندگی خود به جامعه به عنوان یک قانون بیش از حد سواری نامناسب است

Sie ist unfähig zu herrschen, weil sie unfähig ist, ihrem Sklaven in seiner Sklaverei eine Existenz zu sichern

این برای حکومت کردن مناسب نیست، زیرا برای تضمین وجود برده خود در بردگی خود ناتوان است.

denn sie kann nicht anders, als ihn in einen solchen Zustand sinken zu lassen, daß sie ihn ernähren muss, statt von ihm gefüttert zu werden

زیرا نمیتواند به او اجازه دهد در چنان وضعیتی فرو رود که به جای اینکه توسط او تغذیه شود، باید به او غذا دهد.

Die Gesellschaft kann nicht länger unter dieser Bourgeoisie leben

جامعه دیگر نمیتواند تحت این بورژوازی زندگی کند.

Mit anderen Worten, ihre Existenz ist nicht mehr mit der Gesellschaft vereinbar

به عبارت دیگر، وجود ان دیگر با جامعه سازگار نیست.

Die wesentliche Bedingung für die Existenz und die Herrschaft der Bourgeoisie Klasse ist die Bildung und Vermehrung des Kapitals

شرط اساسی برای وجود و سلطه طبقه بورژوازی، تشکیل و تقویت سرمایه است.

Die Bedingung für das Kapital ist Lohnarbeit

شرط سرمایه کار مزدی است

Die Lohnarbeit beruht ausschließlich auf der Konkurrenz zwischen den Arbeitern

کار مزدی منحصرا بر رقابت بین کارگران استوار است.

Der Fortschritt der Industrie, deren unfreiwilliger Förderer die Bourgeoisie ist, tritt an die Stelle der Isolierung der Arbeiter

پیشرفت صنعت، که حامی غیر ارادی ان بورژوازی است، جایگزین انزوای کارگران می شود.

durch die Konkurrenz, durch ihre revolutionäre Kombination, durch die Assoziation

به دلیل رقابت، به دلیل ترکیب انقلابی انها، به دلیل انجمن

Die Entwicklung der modernen Industrie schneidet ihr die Grundlage unter den Füßen weg, auf der die Bourgeoisie Produkte produziert und sich aneignet

توسعه صنعت مدرن از زیر پای خود همان بنیادی را که بورژوازی بر اساس ان محصولات را تولید و به دست می اورد، قطع می کند.

Was die Bourgeoisie vor allem produziert, sind ihre eigenen Totengräber

انچه بورژوازی تولید می کند، بالاتر از همه، گورکن های خود است.

Der Sturz der Bourgeoisie und der Sieg des Proletariats sind gleichermaßen unvermeidlich

سقوط بورژوازی و پیروزی پرولتاریا به همان اندازه اجتناب ناپذیر است.

Proletarier und Kommunisten

پرولترها و کمونیستها

In welchem Verhältnis stehen die Kommunisten zu den Proletariern insgesamt?

کمونیستها در چه رابطهای با پرولتاریا به عنوان یک کل ایستادهاند؟

Die Kommunisten bilden keine eigene Partei, die anderen Arbeiterparteien entgegengesetzt ist

کمونیست ها حزب جداگانه ای را در مخالفت با سایر احزاب طبقه کارگر تشکیل نمی دهند.

Sie haben keine Interessen, die von denen des Proletariats als Ganzes getrennt und getrennt sind

انها هیچ منافعی جدا و جدا از منافع پرولتاریا به عنوان یک کل ندارند.

Sie stellen keine eigenen sektiererischen Prinzipien auf, nach denen sie die proletarische Bewegung formen und formen könnten

انها هیچ اصول فرقه ای خود را برای شکل دادن و شکل دادن به جنبش پرولتری ایجاد نمی کنند.

Die Kommunisten unterscheiden sich von den anderen Arbeiterparteien nur durch zwei Dinge

کمونیستها تنها از دو چیز از دیگر احزاب طبقه کارگر متمایز هستند.

Erstens: Sie weisen auf die gemeinsamen Interessen des gesamten Proletariats hin und bringen sie in den Vordergrund, unabhängig von jeder Nationalität

اولا، انها به منافع مشترک کل پرولتاریا، مستقل از تمام ملیت ها اشاره می کنند و به جبهه می اورند.

Das tun sie in den nationalen Kämpfen der Proletarier der verschiedenen Länder

این کار را در مبارزات ملی پرولترهای کشورهای مختلف انجام میدهند

Zweitens vertreten sie immer und überall die Interessen der gesamten Bewegung

ثانیا، انها همیشه و همه جا منافع جنبش را به عنوان یک کل نمایندگی می کنند.

das tun sie in den verschiedenen Entwicklungsstadien, die der Kampf der Arbeiterklasse gegen die Bourgeoisie zu durchlaufen hat

این کار را در مراحل مختلف توسعه انجام می دهند، که مبارزه طبقه کارگر علیه بورژوازی باید از ان عبور کند.

Die Kommunisten sind also auf der einen Seite praktisch der fortschrittlichste und entschiedenste Teil der Arbeiterparteien eines jeden Landes

بنابراین کمونیستها از یک طرف عملا پیشرفتهترین و مصمـمترین بخش احزاب طبقه کارگر هر کشوری هستند.

Sie sind der Teil der Arbeiterklasse, der alle anderen vorantreibt

انها ان بخش از طبقه کارگر هستند که دیگران را به جلو میراندند

Theoretisch haben sie auch den Vorteil, dass sie die Marschlinie klar verstehen

از لحاظ تئوری، انها همچنین این مزیت را دارند که به وضوح خط راهپیمایی را درک کنند.

Das verstehen sie besser im Vergleich zu der großen Masse des Proletariats

این را بهتر درمقایسین توده عظیم پرولتاریا میدانند

Sie verstehen die Bedingungen und die letzten allgemeinen Ergebnisse der proletarischen Bewegung

انها شرایط و نتایج عمومی نهایی جنبش پرولتری را درک میکنند

Das unmittelbare Ziel des Kommunisten ist dasselbe wie das aller anderen proletarischen Parteien

هدف انی کمونیستها همان هدف تمام احزاب پرولتری دیگر است.

Ihr Ziel ist die Formierung des Proletariats zu einer Klasse

هدف انها تشکیل پرولتاریا به یک طبقه است

sie zielen darauf ab, die Vorherrschaft der Bourgeoisie zu stürzen

هدفشان براندازی برتری بورژوازی است

das Streben nach politischer Machteroberung durch das Proletariat

تلاش برای تسخیر قدرت سیاسی توسط پرولتاریا

Die theoretischen Schlußfolgerungen der Kommunisten beruhen in keiner Weise auf Ideen oder Prinzipien der Reformer

نتیجه گیری های تئوریک کمونیست ها به هیچ وجه بر اساس ایده ها یا اصول اصلاح طلبان نیست.

es waren keine Möchtegern-Universalreformer, die die theoretischen Schlussfolgerungen der Kommunisten erfunden oder entdeckt haben

این اصلاح طلبان جهانی نبودند که نتیجه گیری های تئوریک کمونیست ها را اختراع یا کشف کردند۔

Sie drücken lediglich in allgemeinen Begriffen tatsächliche Verhältnisse aus, die aus einem bestehenden Klassenkampf hervorgehen

انها صرفا، به طور کلی، روابط واقعی ناشی از یک مبارزه طبقاتی موجود را بیان می کنند۔

Und sie beschreiben die historische Bewegung, die sich unter unseren Augen abspielt und die diesen Klassenkampf hervorgebracht hat

و انها جنبش تاریخی را که در زیر چشم ما جریان دارد توصیف می کنند که این مبارزه طبقاتی را ایجاد کرده است

Die Abschaffung bestehender Eigentumsverhältnisse ist keineswegs ein charakteristisches Merkmal des Kommunismus

الغای روابط مالکیت موجود به هیچ وجه ویژگی متمایز کمونیسم نیست۔

Alle Eigentumsverhältnisse in der Vergangenheit waren einem ständigen historischen Wandel unterworfen

تمام روابط مالکیت در گذشته به طور مداوم در معرض تغییرات تاریخی بوده است۔

Und diese Veränderungen waren eine Folge der Veränderung der historischen Bedingungen

و این تغییرات نتیجه تغییر در شرایط تاریخی بود

Die Französische Revolution zum Beispiel schaffte das Feudaleigentum zugunsten des Bourgeoisie Eigentums ab

به عنوان مثال، انقلاب فرانسه مالکیت فئودالی را به نفع مالکیت بورژوازی لغو کرد۔

Das Unterscheidungsmerkmal des Kommunismus ist nicht die Abschaffung des Eigentums im Allgemeinen

ویژگی متمایز کمونیسم لغو مالکیت نیست، به طور کلی

aber das Unterscheidungsmerkmal des Kommunismus ist die Abschaffung des Bourgeoisie Eigentums

اما ویژگی متمایز کمونیسم الغای مالکیت بورژوازی است

Aber das Privateigentum der modernen Bourgeoisie ist der letzte und vollständigste Ausdruck des Systems der Produktion und Aneignung von Produkten

اما بورژوازی مدرن مالکیت خصوصی اخرین و کاملترین بیان نظام تولید و تصاحب محصولات است.

Es ist der Endzustand eines Systems, das auf Klassengegensätzen beruht, wobei der Klassenantagonismus die Ausbeutung der Vielen durch die Wenigen ist

این اخرین وضعیت سیستمی است که بر اساس تضادهای طبقاتی است، جایی که تضاد طبقاتی استثمار بسیاری توسط چند نفر است.

In diesem Sinne läßt sich die Theorie der Kommunisten in einem einzigen Satz zusammenfassen; die Abschaffung des Privateigentums

به این معنا، نظریه کمونیست ها را می توان در یک جمله خلاصه کرد. الغای مالکیت خصوصی

Uns Kommunisten hat man vorgeworfen, das Recht auf persönlichen Eigentumserwerb abschaffen zu wollen

ما کمونیستها را به خاطر میل به لغو حق تملک شخصی متهم کردهایم

Es wird behauptet, dass diese Eigenschaft die Frucht der eigenen Arbeit eines Menschen ist

ادعا شده است که این دارایی ثمره کار خود انسان است

Und diese Eigenschaft soll die Grundlage aller persönlichen Freiheit, Aktivität und Unabhängigkeit sein.

و ادعا می شود که این ملک زمینه تمام ازادی های شخصی، فعالیت و استقلال است.

"Hart erkämpftes, selbst erworbenes, selbst verdientes Eigentum!"

"به سختی به دست اورد، خود به دست اورد، اموال خود به دست اورده"

Meinst du das Eigentum des kleinen Handwerkers und des Kleinbauern?

منظورت دارایی صنعتگر کوچک و دهقان کوچک است؟

Meinen Sie eine Form des Eigentums, die der Bourgeoisie Form vorausging?

منظورتان شکلی از مالکیت است که پیش از شکل بورژوازی بود؟

Es ist nicht nötig, sie abzuschaffen, die Entwicklung der Industrie hat sie zum großen Teil bereits zerstört

نیازی به لغو ان نیست، توسعه صنعت تا حد زیادی ان را نابود کرده است.

Und die Entwicklung der Industrie zerstört sie immer noch täglich

و توسعه صنعت هنوز هم روزانه ان را نابود می کند

Oder meinen Sie das moderne Bourgeoisie Privateigentum?

یا منظورتان مالکیت خصوصی بورژوازی مدرن است؟

Aber schafft die Lohnarbeit irgendein Eigentum für den Arbeiter?

اما ایا کار مزدی برای کارگر مالکیت ایجاد می کند؟

Nein, die Lohnarbeit schafft nicht ein bisschen von dieser Art von Eigentum!

نه، کار مزدی یک ذره از این نوع مالکیت را ایجاد نمی کند

Was Lohnarbeit schafft, ist Kapital; jene Art von Eigentum, das Lohnarbeit ausbeutet

انچه کار مزدی ایجاد میکند سرمایه است؛ ان نوع اموالی که از کار مزدی بهره می گیرد

Das Kapital kann sich nur unter der Bedingung vermehren, daß es ein neues Angebot an Lohnarbeit für neue Ausbeutung erzeugt

سرمایه نمی تواند افزایش یابد مگر به شرط ایجاد یک عرضه جدید کار مزدی برای استثمار تازه.

Das Eigentum in seiner jetzigen Form beruht auf dem Antagonismus von Kapital und Lohnarbeit

مالکیت، در شکل فعلی خود، بر اساس تضاد سرمایه و کار مزدی است.

Betrachten wir beide Seiten dieses Antagonismus

بیایید هر دو طرف این خصومت را بررسی کنیم

Kapitalist zu sein bedeutet nicht nur, einen rein persönlichen Status zu haben

سرمایهدار بودن به این صورت نیست که فقط یک موقعیت صرفا شخصی داشته باشیم.

Stattdessen bedeutet Kapitalist zu sein auch, einen sozialen Status in der Produktion zu haben

در عوض، سرمایه دار بودن نیز داشتن موقعیت اجتماعی در تولید است.

weil Kapital ein kollektives Produkt ist; Nur durch das gemeinsame Handeln vieler Mitglieder kann sie in Gang gesetzt werden

زیرا سرمایه یک محصول جمعی است. تنها با عمل متحد بسیاری از اعضا می توان ان را به حرکت دراورد

Aber dieses gemeinsame Handeln ist der letzte Ausweg und erfordert eigentlich alle Mitglieder der Gesellschaft

اما این اقدام متحد اخرین چاره است و در واقع به همه اعضای جامعه نیاز دارد.

Das Kapital verwandelt sich in das Eigentum aller Mitglieder der Gesellschaft

سرمایه به دارایی همه اعضای جامعه تبدیل می شود

aber das Kapital ist also keine persönliche Macht; Es ist eine gesellschaftliche Macht

اما سرمایه یک قدرت شخصی نیست.این یک قدرت اجتماعی است

Wenn also Kapital in gesellschaftliches Eigentum umgewandelt wird, so verwandelt sich dadurch nicht persönliches Eigentum in gesellschaftliches Eigentum

بنابراین هنگامی که سرمایه به مالکیت اجتماعی تبدیل می شود، مالکیت شخصی به مالکیت اجتماعی تبدیل نمی شود.

Nur der gesellschaftliche Charakter des Eigentums wird verändert und verliert seinen Klassencharakter

تنها شخصیت اجتماعی ملک است که تغییر می کند و شخصیت طبقاتی خود را از دست می دهد.

Betrachten wir nun die Lohnarbeit

بیایید نگاهی به کار مزدی داشته باشیم

Der Durchschnittspreis der Lohnarbeit ist der Mindestlohn, d.h. das Quantum der Lebensmittel

متوسط قیمت کار مزدی حداقل دستمزد است، یعنی مقدار زیادی از وسایل معیشت

Dieser Lohn ist für die bloße Existenz als Arbeiter absolut notwendig

این دستمزد مطلقا در زندگی عریان به عنوان یک کارگر ضروری است

Was sich also der Lohnarbeiter durch seine Arbeit aneignet, genügt nur, um ein bloßes Dasein zu verlängern und zu reproduzieren

بنابراین، انچه را که کارگر مزدی از طریق کار خود به دست می
اورد، صرفا برای طولانی کردن و بازتولید یک وجود عریان کافی
است.

Wir beabsichtigen keineswegs, diese persönliche Aneignung der Arbeitsprodukte abzuschaffen

ما به هیچ وجه قصد نداریم این تصاحب شخصی محصولات کار را لغو
کنیم.

eine Aneignung, die für die Erhaltung und Reproduktion des menschlichen Lebens bestimmt ist

تخصیصی که برای نگهداری و بازتولید زندگی انسان ساخته شده است

Eine solche persönliche Aneignung der Arbeitsprodukte lässt keinen Überschuss übrig, mit dem man die Arbeit anderer befehlen könnte

چنین تملک شخصی از محصولات کار هیچ مازادی برای فرمان دادن
به کار دیگران به جا نمیگذارند

Alles, was wir beseitigen wollen, ist der erbärmliche Charakter dieser Aneignung

تنها چیزی که میخواهیم از بین ببریم، شخصیت بدبختانه این تصاحب
است

die Aneignung, unter der der Arbeiter lebt, bloß um das Kapital zu vermehren

تصاحبی که کارگر تحت ان صرفا برای افزایش سرمایه زندگی میکند،

Er darf nur leben, soweit es das Interesse der herrschenden Klasse erfordert

او فقط تا انجا که مصلحت طبقه حاکم ایجاب میکند، حق دارد زندگی کند

In der Bourgeoisie Gesellschaft ist die lebendige Arbeit nur ein Mittel, um die akkumulierte Arbeit zu vermehren

در جامعه بورژوازی، کار زنده تنها وسیله ای برای افزایش کار انباشته
شده است.

In der kommunistischen Gesellschaft ist die akkumulierte Arbeit nur ein Mittel, um die Existenz des Arbeiters zu erweitern, zu bereichern und zu fördern

در جامعه کمونیستی، کار انباشته شده تنها وسیله ای برای گسترش،
غنی سازی و ترویج وجود کارگر است.

In der Bourgeoisie Gesellschaft dominiert daher die Vergangenheit die Gegenwart

بنابراین، در جامعه بورژوازی، گذشته بر زمان حال حاکم است

In der kommunistischen Gesellschaft dominiert die
Gegenwart die Vergangenheit

در جامعه کمونیستی زمان حال بر گذشته حاکم است

In der Bourgeoisie Gesellschaft ist das Kapital unabhängig
und hat Individualität

در بورژوازی، سرمایه مستقل است و فردیت دارد۔

In der Bourgeoisie Gesellschaft ist der lebende Mensch
abhängig und hat keine Individualität

در جامعه بورژوازی فرد زنده وابسته است و فردیت ندارد۔

Und die Abschaffung dieses Zustandes wird von der
Bourgeoisie als Abschaffung der Individualität und Freiheit
bezeichnet!

و لغو این وضعیت توسط بورژوازی، لغو فردیت و از ازادی نامیده می
شود

Und man nennt sie mit Recht die Abschaffung von
Individualität und Freiheit!

و به درستی لغو فردیت و ازادی نامیده می شود

Der Kommunismus strebt die Abschaffung der Bourgeoisie
Individualität an

هدف کمونیسم الغای فردیت بورژوازی است

Der Kommunismus strebt die Abschaffung der
Unabhängigkeit der Bourgeoisie an

کمونیسم قصد دارد استقلال بورژوازی را لغو کند

Die BourgeoisieFreiheit ist zweifellos das, was der
Kommunismus anstrebt

ازادی بورژوازی بدون شک چیزی است که کمونیسم به دنبال ان است۔

unter den gegenwärtigen Bourgeoisie
Produktionsbedingungen bedeutet Freiheit freien Handel,
freien Verkauf und freien Kauf

در شرایط فعلی تولید بورژوازی، ازادی به معنای تجارت ازاد، فروش
ازاد و خرید است۔

Aber wenn das Verkaufen und Kaufen verschwindet,
verschwindet auch das freie Verkaufen und Kaufen

اما اگر فروش و خرید ناپدید شود، فروش و خرید رایگان نیز ناپدید می
شود۔

"Mutige Worte" der Bourgeoisie über den freien Verkauf und Kauf haben nur eine begrenzte Bedeutung

کلمات شجاعانه "بورژوازی در مورد خرید و فروش ازاد تنها به" معنای محدود است.

Diese Worte haben nur im Gegensatz zu eingeschränktem Verkauf und Kauf eine Bedeutung

این کلمات تنها در مقایسه با فروش و خرید محدود معنی دارند.

und diese Worte haben nur dann eine Bedeutung, wenn sie auf die gefesselten Händler des Mittelalters angewandt werden

و این کلمات فقط وقتی معنی دارند که در مورد تجار قرون وسطی به کار گرفته شوند

und das setzt voraus, dass diese Worte überhaupt eine Bedeutung im Bourgeoisie Sinne haben

و فرض بر این است که این کلمات حتی به معنای بورژوازی هم معنی دارند

aber diese Worte haben keine Bedeutung, wenn sie gebraucht werden, um sich gegen die kommunistische Abschaffung des Kaufens und Verkaufens zu wehren

اما این کلمات هیچ معنایی ندارند زمانی که انها برای مخالفت با لغو کمونیست خرید و فروش استفاده می شوند

die Worte haben keine Bedeutung, wenn sie gebraucht werden, um sich gegen die Abschaffung der Bourgeoisie Produktionsbedingungen zu wehren

وقتی از کلمات برای مخالفت با بورژوازی استفاده می شود، هیچ معنایی ندارد لغو شرایط تولید لغو می شود

und sie haben keine Bedeutung, wenn sie benutzt werden, um sich gegen die Abschaffung der Bourgeoisie selbst zu wehren

و وقتی از انها برای مخالفت با برانداختن خود بورژوازی استفاده میشود، هیچ معنایی ندارند.

Sie sind entsetzt über unsere Absicht, das Privateigentum abzuschaffen

شما از قصد ما برای از بین بردن مالکیت خصوصی وحشت زده هستید

Aber in eurer jetzigen Gesellschaft ist das Privateigentum für neun Zehntel der Bevölkerung bereits abgeschafft

اما در جامعه موجود شما، مالکیت خصوصی در حال حاضر برای نه دهم جمعیت از بین رفته است.

Die Existenz des Privateigentums für einige wenige beruht einzig und allein darauf, dass es in den Händen von neun Zehnteln der Bevölkerung nicht existiert

وجود مالکیت خصوصی برای تعداد کمی تنها به دلیل عدم وجود ان در دست نه دهم جمعیت است.

Sie werfen uns also vor, daß wir eine Form des Eigentums abschaffen wollen

بنابراین، شما ما را سرزنش می کنید که قصد دارید یک نوع اموال را از بین ببرید

Aber das Privateigentum erfordert für die ungeheure Mehrheit der Gesellschaft die Nichtexistenz jeglichen Eigentums

اما مالکیت خصوصی مستلزم عدم وجود هر گونه مالکیت برای اکثریت عظیم جامعه است.

Mit einem Wort, Sie werfen uns vor, daß wir Ihr Eigentum beseitigen wollen

در یک کلام، شما ما را سرزنش می کنید که قصد دارید اموال خود را از بین ببرید

Und genau so ist es; Ihr Eigentum abzuschaffen, ist genau das, was wir beabsichtigen

و دقیقا همینطور است؛ از بین بردن اموال شما دقیقا همان چیزی است که ما قصد داریم

Von dem Augenblick an, wo die Arbeit nicht mehr in Kapital, Geld oder Rente verwandelt werden kann

از لحظه ای که کار دیگر نمی تواند به سرمایه، پول یا اجاره تبدیل شود

wenn die Arbeit nicht mehr in eine gesellschaftliche Macht umgewandelt werden kann, die monopolisiert werden kann

وقتی دیگر نمیتوان کار را به یک قدرت اجتماعی تبدیل کرد که قادر به انحصار است.

von dem Augenblick an, wo das individuelle Eigentum nicht mehr in Bourgeoisie Eigentum verwandelt werden kann

از لحظه ای که مالکیت فردی دیگر نمی تواند به مالکیت بورژوازی تبدیل شود

von dem Augenblick an, wo das individuelle Eigentum
nicht mehr in Kapital verwandelt werden kann

از لحظه ای که مالکیت فردی دیگر نمی تواند به سرمایه تبدیل شود

Von diesem Moment an sagst du, dass die Individualität
verschwindet

از ان لحظه، شما می گویید فردیت ناپدید می شود

Sie müssen also gestehen, daß Sie mit »Individuum« keine
andere Person meinen als die Bourgeoisie

بنابراین باید اعتراف کنید که منظور شما از فرد «شخص دیگری جز
بورژوازی نیست.

Sie müssen zugeben, dass es sich speziell auf den
Bourgeoisie Eigentümer von Immobilien bezieht

شما باید اعتراف کنید که به طور خاص به مالک طبقه متوسط مالکیت
اشاره دارد

Diese Person muss in der Tat aus dem Weg geräumt und
unmöglich gemacht werden

در واقع این شخص باید از سر راه کنار گذاشته شود و غیرممکن شود.

Der Kommunismus beraubt niemanden der Macht, sich die
Produkte der Gesellschaft anzueignen

کمونیسم هیچ انسانی را از قدرت استفاده از محصولات جامعه محروم
نمی کند.

Alles, was der Kommunismus tut, ist, ihm die Macht zu
nehmen, die Arbeit anderer durch eine solche Aneignung zu
unterjochen

تنها کاری که کمونیسم انجام میدهد این است که او را از قدرت انقیاد
دیگران با چنین تملکی محروم کند.

Man hat eingewendet, daß mit der Abschaffung des
Privateigentums alle Arbeit aufhören werde

اعتراض شده است که با لغو مالکیت خصوصی، تمام کار متوقف
خواهد شد.

Und dann wird suggeriert, dass uns die universelle Faulheit
überwältigen wird

و سپس پیشنهاد می شود که تنبلی جهانی ما را فرا خواهد گرفت

Demnach hätte die BourgeoisieGesellschaft schon längst vor
lauter Müßiggang vor die Hunde gehen müssen

بر این اساس، جامعه بورژوازی باید مدتها پیش از طریق بیکاری محض به سراغ سگها میرفت

denn diejenigen ihrer Mitglieder, die arbeiten, erwerben nichts

زیرا کسانی از اعضای ان که کار می کنند، هیچ چیز به دست نمی اورند

und diejenigen von ihren Mitgliedern, die etwas erwerben, arbeiten nicht

و کسانی از اعضای ان که چیزی به دست می اورند، کار نمی کنند

Der ganze Einwand ist nur ein weiterer Ausdruck der Tautologie

تمام این اعتراض فقط بیان دیگری از اصطلاح است

Es kann keine Lohnarbeit mehr geben, wenn es kein Kapital mehr gibt

دیگر هیچ کار مزدی نمیتواند وجود داشته باشد، در حالی که دیگر سرمایهای وجود ندارد۔

Es gibt keinen Unterschied zwischen materiellen und mentalen Produkten

هیچ تفاوتی بین محصولات مادی و محصولات ذهنی وجود ندارد

Der Kommunismus schlägt vor, dass beides auf die gleiche Weise produziert wird

کمونیسم پیشنهاد می کند که هر دو این ها به همان شیوه تولید می شوند

aber die Einwände gegen die kommunistischen Produktionsweisen sind dieselben

اما اعتراضها به شیوههای کمونیستی تولید این دو یکی است

Für die Bourgeoisie ist das Verschwinden des Klasseneigentums das Verschwinden der Produktion selbst

برای بورژوازی، از بین رفتن مالکیت طبقاتی، ناپدید شدن خود تولید است۔

So ist für ihn das Verschwinden der Klassenkultur identisch mit dem Verschwinden aller Kultur

بنابراین ناپدید شدن فرهنگ طبقاتی برای او یکسان است با ناپدید شدن همه فرهنگها

Diese Kultur, deren Verlust er beklagt, ist für die überwiegende Mehrheit ein bloßes Training, um als Maschine zu agieren

این فرهنگ، که او را از دست دادن ان متاسف است، برای اکثریت قریب به اتفاق یک اموزش صرف برای عمل به عنوان یک ماشین است.

Die Kommunisten haben die Absicht, die Kultur des Bourgeoisie Eigentums abzuschaffen

کمونیستها تا حد زیادی قصد دارند فرهنگ مالکیت بورژوازی را از میان بر دارند.

Aber zankt euch nicht mit uns, solange ihr den Maßstab eurer Bourgeoisie Vorstellungen von Freiheit, Kultur, Recht usw. anlegt

اما تا زمانی که استاندارد بورژوازی خود را از مفاهیم ازادی، فرهنگ، قانون و غیره اعمال می کنید، با ما مجادله نکنید.

Eure Ideen selbst sind nur die Auswüchse der Bedingungen eurer Bourgeoisie Produktion und eures Bourgeoisie Eigentums

خود اندیشههای شما جز رشد شرایط تولید بورژوازی و مالکیت بورژوازی شما نیستند.

so wie eure Jurisprudenz nichts anderes ist als der Wille eurer Klasse, der zum Gesetz für alle gemacht wurde

درست همان طور که حقوق شما است اما اراده طبقه شما به قانون برای همه تبدیل شده است

Der wesentliche Charakter und die Richtung dieses Willens werden durch die ökonomischen Bedingungen bestimmt, die Ihre soziale Klasse schafft

ماهیت و جهت اساسی این اراده توسط شرایط اقتصادی که طبقه اجتماعی شما ایجاد می کند تعیین می شود.

Der selbstsüchtige Irrtum, der dich veranlaßt, soziale Formen in ewige Gesetze der Natur und der Vernunft zu verwandeln

تصور غلط خودخواهانه ای که شما را وادار می کند فرم های اجتماعی را به قوانین ابدی طبیعت و عقل تبدیل کنید.

die gesellschaftlichen Formen, die aus eurer gegenwärtigen Produktionsweise und Eigentumsform entspringen

اشکال اجتماعی که از شیوه فعلی تولید و شکل مالکیت شما سرچشمه می گرفته است

historische Beziehungen, die im Fortschritt der Produktion auf- und verschwinden

روابط تاریخی که در پیشرفت تولید بالا می روند و ناپدید می شوند

Dieses Missverständnis teilt ihr mit jeder herrschenden Klasse, die euch vorausgegangen ist

این تصور غلط را که شما با هر طبقه حاکمی که پیش از شما وجود داشته است، به اشتراک می گذارید

Was Sie bei antikem Eigentum klar sehen, was Sie bei feudalem Eigentum zugeben

انچه شما به وضوح در مورد مالکیت باستانی می بینید، انچه شما در مورد مالکیت فئودالی اعتراف می کنید

diese Dinge dürfen Sie natürlich nicht zugeben, wenn es sich um Ihre eigene BourgeoisieEigentumsform handelt

البته در مورد بورژوازی خود شما را از پذیرفتن این چیزها منع مدارند

Abschaffung der Familie! Selbst die Radikalsten entrüsten sich über diesen infamen Vorschlag der Kommunisten

لغو خانواده حتی رادیکال ترین شعله ها در این پیشنهاد بدنام کمونیست ها

Auf welcher Grundlage beruht die heutige Familie, die BourgeoisieFamilie?

خانواده فعلی، خانواده بورژوازی، بر چه مبنایی بنا شده است؟

Die Gründung der heutigen Familie beruht auf Kapital und privatem Gewinn

پایه و اساس خانواده فعلی بر اساس سرمایه و سود خصوصی است

In ihrer voll entwickelten Form existiert diese Familie nur unter der Bourgeoisie

این خانواده در شکل کاملا تکامل یافته خود فقط در میان بورژوازی وجود دارد.

Dieser Zustand der Dinge findet seine Ergänzung in der praktischen Abwesenheit der Familie bei den Proletariern

این وضع در غیاب عملی خانواده در میان پرولترها تکمیل میشود

Dieser Zustand ist in der öffentlichen Prostitution zu finden

این وضعیت را می توان در فحشا عمومی یافت

Die BourgeoisieFamilie wird wie selbstverständlich verschwinden, wenn ihr Komplement verschwindet

خانواده بورژوازی به عنوان یک موضوع از بین خواهد رفت زمانی که مکمل ان ناپدید شود

Und beides wird mit dem Verschwinden des Kapitals verschwinden

و هر دوی اینها با ناپدید شدن سرمایه از بین خواهند رفت

Werfen Sie uns vor, dass wir die Ausbeutung von Kindern durch ihre Eltern stoppen wollen?

ایا شما ما را متهم می کنید که می خواهیم استثمار کودکان توسط والدین انها را متوقف کنیم؟

Diesem Verbrechen bekennen wir uns schuldig

ما به این جرم اعتراف میکنیم که گناهکاریم

Aber, werden Sie sagen, wir zerstören die heiligsten Beziehungen, wenn wir die häusliche Erziehung durch die soziale Erziehung ersetzen

اما، شما خواهید گفت، ما مقدس ترین روابط را نابود می کنیم، زمانی که ما اموزش خانگی را با اموزش اجتماعی جایگزین می کنیم.

Ist Ihre Erziehung nicht auch sozial? Und wird sie nicht von den gesellschaftlichen Bedingungen bestimmt, unter denen man erzieht?

ایا تحصیلات شما نیز اجتماعی نیست؟ ایا با شرایط اجتماعی که تحت ان تحصیل می کنید تعیین نمی شود؟

durch direkte oder indirekte Eingriffe in die Gesellschaft, durch Schulen usw.

با مداخله مستقیم یا غیرمستقیم جامعه، از طریق مدارس و غیره.

Die Kommunisten haben die Einmischung der Gesellschaft in die Erziehung nicht erfunden

کمونیست ها دخالت جامعه در اموزش و پرورش را اختراع نکرده اند

Sie versuchen lediglich, den Charakter dieses Eingriffs zu ändern

انها فقط میخواهند ماهیت این مداخله را تغییر دهند

Und sie versuchen, das Bildungswesen vor dem Einfluss der herrschenden Klasse zu retten

و به دنبال نجات اموزش و پرورش از نفوذ طبقه حاکم هستند

Die Bourgeoisie spricht von der geheiligten Beziehung von Eltern und Kind

بورژوازی از رابطه مشترک مقدس پدر و مادر و فرزند سخن می گفت

aber dieses Geschwätz über die Familie und die Erziehung wird um so widerwärtiger, wenn wir die moderne Industrie betrachten

اما این تله کف زدن در مورد خانواده و اموزش و پرورش بیشتر منزجر کننده می شود زمانی که ما در صنعت مدرن نگاه می کنیم

Alle Familienbande unter den Proletariern werden durch die moderne Industrie zerrissen

تمام پیوندهای خانوادگی در میان پرولترها با صنعت مدرن از هم گسیخته شده است

ihre Kinder werden zu einfachen Handelsartikeln und Arbeitsinstrumenten

فرزندان انها به مواد ساده تجارت و ابزار کار تبدیل می شوند

Aber ihr Kommunisten würdet eine Gemeinschaft von Frauen schaffen, schreit die ganze Bourgeoisie im Chor

اما شما کمونیست ها جامعه ای از زنان ایجاد می کنید، کل بورژوازی فریاد می زند

Die Bourgeoisie sieht in seiner Frau ein bloßes Produktionsinstrument

بورژوازی زنش را صرفا ابزار تولید میبیند

Er hört, dass die Produktionsmittel von allen ausgebeutet werden sollen

او می شنود که ابزار تولید باید توسط همه مورد بهره برداری قرار گیرد.

Und natürlich kann er zu keinem anderen Schluß kommen, als daß das Los, allen gemeinsam zu sein, auch den Frauen zufallen wird

و طبیعتا نمیتواند به نتیجهای برسد جز اینکه بسیاری از مشترک بودن برای همه نیز به زنان خواهد رسید.

Er hat nicht einmal den geringsten Verdacht, dass es in Wirklichkeit darum geht, die Stellung der Frau als bloße Produktionsinstrumente abzuschaffen

او حتی یک سوء ظن ندارد که نکته اصلی این است که وضعیت زنان را به عنوان ابزار تولید صرف از بین ببرد

Im übrigen ist nichts lächerlicher als die tugendhafte Empörung unserer Bourgeoisie über die Gemeinschaft der Frauen

برای بقیه، هیچ چیز مسخره تر از خشم فضیلت بورژوازی ما در جامعه زنان نیست.

sie tun so, als ob sie von den Kommunisten offen und offiziell eingeführt werden sollte

انها وانمود میکنند که کمونیستها علنا و به طور رسمی ان را تاسیس کرده‌اند

Die Kommunisten haben es nicht nötig, die Gemeinschaft der Frauen einzuführen, sie existiert fast seit undenklichen Zeiten

کمونیست ها نیازی به معرفی جامعه زنان ندارند، تقریبا از زمان های بسیار قدیم وجود داشته است

Unsere Bourgeoisie begnügt sich nicht damit, die Frauen und Töchter ihrer Proletarier zur Verfügung zu haben

بورژوازی ما راضی نیست که همسران و دختران پرولتاریای خود را در اختیار داشته باشد.

Sie haben das größte Vergnügen daran, ihre Frauen gegenseitig zu verführen

انها از اغوای همسران یکدیگر بسیار لذت می بردند

Und das ist noch nicht einmal von gewöhnlichen Prostituierten zu sprechen

و این حتی در مورد فاحشه‌های معمولی هم نیست

Die BourgeoisieEhe ist in Wirklichkeit ein System gemeinsamer Ehefrauen

ازدواج بورژوازی در واقع یک سیستم مشترک همسران است

dann gibt es eine Sache, die man den Kommunisten vielleicht vorwerfen könnte

پس از ان یک چیز است که کمونیست ها ممکن است با سرزنش وجود دارد

Sie wollen eine offen legalisierte Gemeinschaft von Frauen einführen

انها می خواهند یک جامعه اشکارا قانونی از زنان را معرفی کنند

statt einer heuchlerisch verhüllten Gemeinschaft von Frauen

به جای یک جامعه ریاکارانه پنهان از زنان

Die Gemeinschaft der Frauen, die aus dem Produktionssystem hervorgegangen ist

جامعه زنان که از نظام تولید بیرون می ایند

Schafft das Produktionssystem ab, und ihr schafft die
Gemeinschaft der Frauen ab

سیستم تولید را لغو کنید و جامعه زنان را لغو کنید

Sowohl die öffentliche Prostitution als auch die private
Prostitution wird abgeschafft

هر دو فحشا عمومی لغو شده است، و فحشا خصوصی

Den Kommunisten wird noch dazu vorgeworfen, sie wollten
Länder und Nationalitäten abschaffen

کمونیست ها بیشتر سرزنش می شوند که می خواهند کشورها و ملیت
ها را از بین ببرد.

Die Arbeiter haben kein Vaterland, also können wir ihnen
nicht nehmen, was sie nicht haben

کارگران کشور ندارند، بنابراین ما نمیتوانیم انچه را که از انها
بگیریم.

Das Proletariat muss vor allem die politische Herrschaft
erlangen

پرولتاریا پیش از هر چیز باید برتری سیاسی کسب کند

Das Proletariat muss sich zur führenden Klasse der Nation
erheben

پرولتاریا باید به عنوان طبقه پیشرو ملت به پا خیزد

Das Proletariat muss sich zur Nation konstituieren

پرولتاریا باید خود ملت را تشکیل دهد

sie ist bis jetzt selbst national, wenn auch nicht im
Bourgeoisie Sinne des Wortes

تا کنون خود را ملی کرده است، هرچند نه به به معنای بورژوازی کلمه

Nationale Unterschiede und Gegensätze zwischen den
Völkern verschwinden täglich mehr und mehr

تفاوت های ملی و خصومت بین مردم روز به روز بیشتر و بیشتر ناپدید
می شوند

der Entwicklung der Bourgeoisie, der Freiheit des Handels,
des Weltmarktes

به دلیل توسعه بورژوازی، ازادی تجارت، به بازار جهانی

zur Gleichförmigkeit der Produktionsweise und der ihr
entsprechenden Lebensbedingungen

به یکنواختی در شیوه تولید و در شرایط زندگی مربوط به ان

Die Herrschaft des Proletariats wird sie noch schneller verschwinden lassen

برتری پرولتاریا باعث خواهد شد که انها سریعتر از بین بروند

Die einheitliche Aktion, wenigstens der führenden zivilisierten Länder, ist eine der ersten Bedingungen für die Befreiung des Proletariats

اقدام متحد، حداقل از کشورهای متمدن پیشرو، یکی از اولین شرایط رهایی پرولتاریا است.

In dem Maße, wie der Ausbeutung eines Individuums durch ein anderes ein Ende gesetzt wird, wird auch der Ausbeutung einer Nation durch eine andere ein Ende gesetzt.

به همان نسبت که استثمار یک فرد توسط دیگری پایان یابد، استثمار یک ملت توسط ملت دیگر نیز پایان خواهد یافت.

In dem Maße, wie der Antagonismus zwischen den Klassen innerhalb der Nation verschwindet, wird die Feindschaft einer Nation gegen die andere ein Ende haben

به نسبتی که خصومت بین طبقات درون ملت از بین می رود، خصومت یک ملت با ملت دیگر به پایان خواهد رسید.

Die Anschuldigungen gegen den Kommunismus, die von einem religiösen, philosophischen und allgemein von einem ideologischen Standpunkt aus erhoben werden, verdienen keine ernsthafte Prüfung

اتهامات علیه کمونیسم که از دیدگاه مذهبی، فلسفی و به طور کلی از نقطه نظر ایدئولوژیک مطرح می شود، سزاوار بررسی جدی نیست.

Braucht es eine tiefe Intuition, um zu begreifen, dass sich die Ideen, Ansichten und Vorstellungen des Menschen mit jeder Veränderung der Bedingungen seiner materiellen Existenz ändern?

ایا برای درک اینکه ایده ها، دیدگاه ها و مفاهیم انسان با هر تغییری در شرایط وجود مادی او تغییر می کند، نیاز به شهود عمیق دارد؟

Ist es nicht offensichtlich, dass das Bewusstsein des Menschen sich Verändert, wenn seine sozialen Beziehungen und sein soziales Leben ändern?

ایا واضح نیست که اگاهی انسان با تغییر روابط اجتماعی و زندگی اجتماعی اش تغییر می کند؟

Was beweist die Ideengeschichte anderes, als daß die geistige Produktion ihren Charakter in dem Maße ändert, wie die materielle Produktion verändert wird?

تاریخ ایده ها چه چیز دیگری را ثابت می کند، جز اینکه تولید فکری شخصیت خود را به نسبت تولید مادی تغییر می دهد؟

Die herrschenden Ideen eines jeden Zeitalters waren immer die Ideen seiner herrschenden Klasse

ایده های حاکم بر هر عصر همیشه ایده های طبقه حاکم ان بوده است

Wenn Menschen von Ideen sprechen, die die Gesellschaft revolutionieren, drücken sie nur eine Tatsache aus

وقتی مردم از ایده هایی صحبت می کنند که جامعه را متحول می کنند، فقط یک واقعیت را بیان می کنند.

Innerhalb der alten Gesellschaft wurden die Elemente einer neuen geschaffen

در جامعه قدیمی، عناصر یک جامعه جدید ایجاد شده است

und daß die Auflösung der alten Ideen mit der Auflösung der alten Daseinsverhältnisse Schritt hält

و انحلال اندیشههای کهنه با انحلال شرایط کهن هستی همگام است

Als die Antike in den letzten Zügen lag, wurden die alten Religionen vom Christentum überwunden

هنگامی که جهان باستان در اخرین درد و رنج خود بود، ادیان باستانی توسط مسیحیت غلبه کردند

Als die christlichen Ideen im 18. Jahrhundert den rationalistischen Ideen erlagen, kämpfte die feudale Gesellschaft ihren Todeskampf mit der damals revolutionären Bourgeoisie

هنگامی که ایده های مسیحی در قرن هجدهم به ایده های عقلانی تسلیم شدند، جامعه فئودالی نبرد مرگ خود را با بورژوازی انقلابی ان زمان انجام داد.

Die Ideen der Religions- und Gewissensfreiheit brachten lediglich die Herrschaft des freien Wettbewerbs auf dem Gebiet des Wissens zum Ausdruck

اندیشههای ازادی مذهبی و ازادی وجدان صرفا به سلطهی رقابت ازاد در حوزهی دانش کمک میکرد.

"Zweifellos", wird man sagen, "sind religiöse, moralische, philosophische und juristische Ideen im Laufe der geschichtlichen Entwicklung modifiziert worden"

بدون شک، "گفته خواهد شد، "ایده های مذهبی، اخلاقی، فلسفی و" حقوقی در جریان توسعه تاریخی اصلاح شده است."

"Aber Religion, Moralphilosophie, Politikwissenschaft und Recht überlebten diesen Wandel ständig."

اما دین، فلسفه اخلاق، علوم سیاسی و قانون، دائما از این تغییر جان سالم به در بردند.

"Es gibt auch ewige Wahrheiten, wie Freiheit, Gerechtigkeit usw."

همچنین حقایق ابدی مانند ازادی، عدالت و غیره وجود دارد.

"Diese ewigen Wahrheiten sind allen Zuständen der Gesellschaft gemeinsam"

"این حقایق ابدی برای همه کشورهای جامعه مشترک است"

"Aber der Kommunismus schafft die ewigen Wahrheiten ab, er schafft alle Religion und alle Moral ab."

اما کمونیسم حقایق ابدی را لغو می کند، تمام دین و تمام اخلاق را از بین می برد.

"Sie tut dies, anstatt sie auf einer neuen Grundlage zu konstituieren"

"این کار را به جای تشکیل انها بر اساس جدید انجام می دهد"

"Sie handelt daher im Widerspruch zu allen bisherigen historischen Erfahrungen"

بنابراین در تضاد با تمام تجربه های تاریخی گذشته عمل می کند.

Worauf reduziert sich dieser Vorwurf?

این اتهام خود را به چه چیزی کاهش می دهد؟

Die Geschichte aller vergangenen Gesellschaften hat in der Entwicklung von Klassengegensätzen bestanden

تاریخ تمام جامعه گذشته شامل توسعه تضادهای طبقاتی بوده است

Antagonismen, die in verschiedenen Epochen unterschiedliche Formen annahmen

تضادهایی که در دورههای مختلف شکلهای مختلفی به خود گرفتند

Aber welche Form sie auch immer angenommen haben mögen, eine Tatsache ist allen vergangenen Zeitaltern gemeinsam

اما هر شکلی که ممکن است داشته باشند، یک واقعیت برای تمام سنین گذشته مشترک است.

die Ausbeutung eines Teils der Gesellschaft durch den anderen

استثمار یک بخش از جامعه توسط بخش دیگر

Kein Wunder also, dass sich das gesellschaftliche Bewußtsein vergangener Zeiten innerhalb gewisser allgemeiner Formen oder allgemeiner Vorstellungen bewegt

بنابراین جای تعجب نیست که اگاهی اجتماعی اعدای گذشته در برخی اشکال مشترک یا ایده های کلی حرکت می کند.

(und das trotz aller Vielfalt und Vielfalt, die es zeigt)

(و این به رغم تمام تنوع و تنوعی است که نشان می دهد)

Und diese können nur mit dem gänzlichen Verschwinden der Klassengegensätze völlig verschwinden

و اینها نمیتوانند به طور کامل محو شوند مگر با ناپدید شدن کامل تضادهای طبقاتی

Die kommunistische Revolution ist der radikalste Bruch mit den traditionellen Eigentumsverhältnissen

انقلاب کمونیستی رادیکال ترین گسست از روابط مالکیت سنتی است

Kein Wunder, dass ihre Entwicklung den radikalsten Bruch mit den traditionellen Vorstellungen mit sich bringt

جای تعجب نیست که توسعه ان شامل رادیکال ترین گسست با ایده های سنتی است

Aber lassen wir die Einwände der Bourgeoisie gegen den Kommunismus hinter uns

اما بیایید اعتراض بورژوازی به کمونیسم را تمام کنیم

Wir haben oben den ersten Schritt der Arbeiterklasse in der Revolution gesehen

ما بالاتر از اولین گام در انقلاب توسط طبقه کارگر دیده ایم

Das Proletariat muss zur Herrschaft erhoben werden, um den Kampf der Demokratie zu gewinnen

پرولتاریا باید به مقام حکومت کردن، برای پیروزی در نبرد دموکراسی، ارتقاء یابد.

Das Proletariat wird seine politische Vorherrschaft benutzen, um der Bourgeoisie nach und nach alles Kapital zu entreißen

پرولتاریا از برتری سیاسی خود استفاده خواهد کرد تا به تدریج تمام سرمایه را از بورژوازی بگیرد.

sie wird alle Produktionsmittel in den Händen des Staates zentralisieren

تمام ابزارهای تولید را در دست دولت متمرکز خواهد کرد.

Mit anderen Worten, das Proletariat organisierte sich als herrschende Klasse

به عبارت دیگر، پرولتاریا به عنوان طبقه حاکم سازماندهی شد

Und sie wird die Summe der Produktivkräfte so schnell wie möglich vermehren

و کل نیروهای تولیدی را در اسرع وقت افزایش خواهد داد.

Natürlich kann dies anfangs nur durch despotische Eingriffe in die Eigentumsrechte geschehen

البته، در ابتدا، این نمی تواند انجام شود مگر با استفاده از تهاجم استبدادی به حقوق مالکیت.

und sie muss unter den Bedingungen der Bourgeoisie Produktion erreicht werden

و باید در شرایط تولید بورژوازی به دست اید

Sie wird also durch Maßnahmen erreicht, die wirtschaftlich unzureichend und unhaltbar erscheinen

بنابراین، از طریق اقداماتی به دست می اید که از لحاظ اقتصادی ناکافی و غیرقابل دفاع به نظر می رسد.

aber diese Mittel überflügeln sich im Laufe der Bewegung selbst

اما این ابزارها، در جریان حرکت، از خود پیشی می گیرند

sie erfordern weitere Eingriffe in die alte Gesellschaftsordnung

این امر مستلزم نفوذ بیشتر به نظم اجتماعی کهن است

und sie sind unvermeidlich, um die Produktionsweise völlig zu revolutionieren

و انها به عنوان وسیله ای برای انقلابی کامل در شیوه تولید اجتناب ناپذیر هستند

Diese Maßnahmen werden natürlich in den verschiedenen Ländern unterschiedlich sein

البته این اقدامات در کشورهای مختلف متفاوت خواهد بود.

Nichtsdestotrotz wird in den am weitesten fortgeschrittenen
Ländern das Folgende ziemlich allgemein anwendbar sein

با این وجود در پیشرفته ترین کشورها، موارد زیر به طور کلی قابل
اجرا خواهد بود

1. Abschaffung des Grundeigentums und Verwendung aller
Grundrenten für öffentliche Zwecke.

الغای مالکیت زمین و استفاده از تمام رانت های زمین برای مقاصد
عمومی.

2. Eine hohe progressive oder abgestufte Einkommensteuer.

مالیات بر درآمد مترقی یا فارغ التحصیل سنگین .

3. Abschaffung jeglichen Erbrechts.

الغاء تمام حقوق ارث .

4. Konfiskation des Eigentums aller Emigranten und
Rebellen.

مصادره اموال همه مهاجرین و شورشیان .

5. Zentralisierung des Kredits in den Händen des Staates
durch eine Nationalbank mit staatlichem Kapital und
ausschließlichem Monopol.

تمرکز اعتبار در دست دولت، از طریق یک بانک ملی با سرمایه دولتی
و انحصار انحصاری.

6. Zentralisierung der Kommunikations- und
Transportmittel in den Händen des Staates.

تمرکز وسایل ارتباطی و حمل و نقل در دست دولت .

7. Ausbau der Fabriken und Produktionsmittel im Eigentum
des Staates

گسترش کارخانه ها و ابزار تولید متعلق به دولت

die Kultivierung von Ödland und die Verbesserung des
Bodens überhaupt nach einem gemeinsamen Plan.

اوردن به کشت زمین های بایر و بهبود خاک به طور کلی مطابق با
یک برنامه مشترک.

8. Gleiche Haftung aller für die Arbeit

مسؤولیت برابر همه در برابر کار

Aufbau von Industriearmeen, vor allem für die
Landwirtschaft.

ایجاد ارتش صنعتی، به ویژه برای کشاورزی.

9. Kombination der Landwirtschaft mit dem verarbeitenden Gewerbe

ترکیب کشاورزی با صنایع تولیدی

allmähliche Aufhebung der Unterscheidung zwischen Stadt und Land durch eine gleichmäßigere Verteilung der Bevölkerung über das Land.

لغو تدریجی تمایز بین شهر و کشور، با توزیع عادلانه تر جمعیت در سراسر کشور۔

10. Kostenlose Bildung für alle Kinder in öffentlichen Schulen.

اموزش رایگان برای همه کودکان در مدارس دولتی ۔

Abschaffung der Kinderfabrikarbeit in ihrer jetzigen Form

لغو کار کودکان در کارخانه در شکل فعلی ان

Kombination von Bildung und industrieller Produktion

ترکیب اموزش و پرورش با تولید صنعتی

Wenn im Laufe der Entwicklung die Klassenunterschiede verschwunden sind

هنگامی که در جریان توسعه، تمایز طبقاتی ناپدید شده است

und wenn die ganze Produktion in den Händen einer ungeheuren Assoziation der ganzen Nation konzentriert ist

و هنگامی که تمام تولید در دست یک انجمن گسترده از کل ملت متمرکز شده است

dann verliert die Staatsgewalt ihren politischen Charakter

در این صورت قدرت عمومی شخصیت سیاسی خود را از دست خواهد داد۔

Politische Macht, eigentlich so genannt, ist nichts anderes als die organisierte Macht einer Klasse, um eine andere zu unterdrücken

قدرت سیاسی، که به درستی به اصطلاح نامیده می شود، صرفا قدرت سازمان یافته یک طبقه برای سرکوب دیگری است.

Wenn das Proletariat in seinem Kampf mit der Bourgeoisie durch die Gewalt der Umstände gezwungen ist, sich als Klasse zu organisieren

اگر پرولتاریا در طول رقابت با بورژوازی مجبور شود، با نیروی شرایط، خود را به عنوان یک طبقه سازماندهی کند.

wenn sie sich durch eine Revolution zur herrschenden
Klasse macht

اگر با استفاده از یک انقلاب، خود را طبقه حاکمه کند

und als solche fegt sie mit Gewalt die alten
Produktionsbedingungen hinweg

و به همین ترتیب، شرایط قدیمی تولید را به زور از بین می برد

dann wird sie mit diesen Bedingungen auch die
Bedingungen für die Existenz der Klassengegensätze und
der Klassen überhaupt hinweggefegt haben

سپس، همراه با این شرایط، شرایط وجود تضادهای طبقاتی و به طور
کلی طبقات را از بین خواهد برد.

und wird damit seine eigene Vorherrschaft als Klasse
aufgehoben haben.

و از این طریق برتری خود را به عنوان یک طبقه از بین خواهد برد.

An die Stelle der alten Bourgeoisie Gesellschaft mit ihren
Klassen und Klassengegensätzen treten eine Assoziation

به جای جامعه بورژوازی کهن، با طبقات و تضادهای طبقاتی ان، ما
یک انجمن خواهیم داشت.

eine Assoziation, in der die freie Entwicklung eines jeden
die Bedingung für die freie Entwicklung aller ist

انجمنی که در ان توسعه ازاد هر یک شرط توسعه ازاد همه است.

1) Reaktionärer Sozialismus

سوسیالیسم ارتجاعی

a) Feudaler Sozialismus

الف (سوسیالیسم فئودالی)

die Aristokratien Frankreichs und Englands hatten eine
einzigartige historische Stellung

اشراف فرانسه و انگلستان موقعیت تاریخی منحصر به فردی داشتند

es wurde zu ihrer Berufung, Pamphlete gegen die moderne
Boureoisie Gesellschaft zu schreiben

نوشتن جزوات علیه جامعه بورژوازی مدرن به کارشان راه داد

In der französischen Revolution vom Juli 1830 und in der
englischen Reformagitation

در انقلاب ژوئیه ۱۸۳۰ فرانسه و در تحریک اصلاحات انگلیسی

Diese Aristokratien erlagen wieder dem hasserfüllten
Emporkömmling

این اشراف زادهها بار دیگر در برابر ان نوان نفرتانگیز تسلیم شدند

An eine ernsthafte politische Auseinandersetzung war
fortan nicht mehr zu denken

از ان پس، یک رقابت سیاسی جدی کاملا خارج از بحث بود

Alles, was möglich blieb, war eine literarische Schlacht,
keine wirkliche Schlacht

تنها چیزی که ممکن بود نبرد ادبی بود، نه یک نبرد واقعی۔

Aber auch auf dem Gebiet der Literatur waren die alten
Schreie der Restaurationszeit unmöglich geworden

اما حتی در حوزه ادبیات، فریادهای قدیمی دوران بازسازی غیرممکن
شده بود

Um Sympathie zu erregen, mußte die Aristokratie offenbar
ihre eigenen Interessen aus den Augen verlieren

به منظور برانگیختن همدردی، اشراف مجبور بودند ظاهرا منافع خود
را از دست بدهند

und sie waren gezwungen, ihre Anklage gegen die
Bourgeoisie im Interesse der ausgebeuteten Arbeiterklasse
zu formulieren

و ناگزیر بودند که کیفرخواست خود را علیه بورژوازی به نفع طبقه کارگر استثمار شده تنظیم کنند

So rächte sich die Aristokratie, indem sie ihren neuen Herrn verspottete

بدین ترتیب اشراف با تمسخر ارباب جدید خود انتقام خود را گرفتند

Und sie rächten sich, indem sie ihm unheimliche Prophezeiungen über die kommende Katastrophe ins Ohr flüsterten

و انها انتقام خود را با زمزمه کردن در گوش او پیشگوییهای شوم فاجعهای که در پیش است گرفتند

So entstand der feudale Sozialismus: halb Klage, halb Spott

به این ترتیب سوسیالیسم فئودالی به وجود امد: نیمی سوگواری، نیمه لامپون

Es klang halb wie ein Echo der Vergangenheit und projizierte halb die Bedrohung der Zukunft

ان را به عنوان نیمی از پژواک گذشته به صدا در می اورد و نیمی از تهدید اینده را پیش بینی می کند

zuweilen traf sie durch ihre bittere, geistreiche und scharfe Kritik die Bourgeoisie bis ins Mark

گاهی اوقات، با انتقاد تلخ، شوخ طبع و قاطع، بورژوازی را به قلب خود می زد

aber es war immer lächerlich in seiner Wirkung, weil es völlig unfähig war, den Gang der neueren Geschichte zu begreifen

اما همیشه مضحک بود، از طریق ناتوانی کامل در درک حرکت تاریخ مدرن

Die Aristokratie schwenkte, um das Volk um sich zu scharen, den proletarischen Almosensack als Banner

اشرافیت، به منظور متحد کردن مردم به سمت انها، کیسه صدقه پرولتری را در مقابل یک پرچم تکان داد

Aber das Volk, so oft es sich zu ihnen gesellte, sah auf seinem Hinterteil die alten Feudalwappen

اما مردم، اغلب که به انها ملحق شند، از عقب نشانهای فئودالی قدیمی را میدیدند

Und sie verließen mit lautem und respektlosem Gelächter

و با صدای بلند و بی حرمتی از ان جا رفتند.

Ein Teil der französischen Legitimisten und des "jungen Englands" zeigte dieses Schauspiel

یک بخش از مشروعیت طلبان فرانسوی و "انگلستان جوان "این نمایش را به نمایش گذاشت

die Feudalisten wiesen darauf hin, dass ihre Ausbeutungsweise eine andere sei als die der Bourgeoisie

فئودالیستها اشاره کردند که شیوهی استثمار انها با شیوهی بورژوازی فرق دارد

Die Feudalisten vergessen, dass sie unter ganz anderen Umständen und Bedingungen ausgebeutet haben

فئودالیست ها فراموش می کنند که تحت شرایط و شرایطی که کاملا متفاوت بود، استثمار می کردند۔

Und sie haben nicht bemerkt, dass solche Methoden der Ausbeutung heute veraltet sind

و انها متوجه نشدند که چنین روشهای استثماری اکنون کهنه شده اند

Sie zeigten, dass unter ihrer Herrschaft das moderne Proletariat nie existiert hat

انها نشان دادند که تحت حکومت انها، پرولتاریای مدرن هرگز وجود نداشته است۔

aber sie vergessen, daß die moderne Bourgeoisie der notwendige Sprößling ihrer eigenen Gesellschaftsform ist

اما فراموش میکنند که بورژوازی مدرن اولاد ضروری شکل جامعه خودشان است۔

Im übrigen verbergen sie kaum den reaktionären Charakter ihrer Kritik

برای بقیه، انها به سختی ماهیت ارتجاعی انتقاد خود را پنهان می کنند

ihre Hauptanklage gegen die Bourgeoisie läuft auf folgendes hinaus

اتهام اصلی انها علیه بورژوازی به شرح زیر است

unter dem Boureoisie Regime entwickelt sich eine soziale Klasse

تحت رژیم بورژوازی یک طبقه اجتماعی در حال توسعه است

Diese soziale Klasse ist dazu bestimmt, die alte Gesellschaftsordnung an der Wurzel zu zerschneiden

سرنوشت این طبقه اجتماعی این است که ریشه و نظم کهن اجتماع را منشعب کند

Womit sie die Bourgeoisie aufpeppen, ist nicht so sehr, dass sie ein Proletariat schafft

انچه بورژوازی را با ان سرزنش میکنند این نیست که پرولتاریا را خلق میکند.

womit sie die Bourgeoisie aufpeppen, ist mehr, dass sie ein revolutionäres Proletariat schafft

انچه بورژوازی را با ان سرزنش میکنند بیشتر این است که پرولتاریای انقلابی را ایجاد میکند.

In der politischen Praxis beteiligen sie sich daher an allen Zwangsmaßnahmen gegen die Arbeiterklasse

بنابراین، در عمل سیاسی، انها به تمام اقدامات اجباری علیه طبقه کارگر می پیوندند.

Und im gewöhnlichen Leben bücken sie sich, trotz ihrer hochtrabenden Phrasen, um die goldenen Äpfel aufzuheben, die vom Baum der Industrie fallen gelassen wurden

و در زندگی عادی، علیرغم عبارات پرفالوتین، خم میشوند تا سیبهای طلایی را که از درخت صنعت افتادهاند بردارند.

Und sie tauschen Wahrheit, Liebe und Ehre gegen den Handel mit Wolle, Rote-Bete-Zucker und Kartoffelbränden

و انها حقیقت، عشق و افتخار را با تجارت پشم، شکر چغندر و ارواح سیب زمینی مبادله می کنند.

Wie der Pfarrer immer Hand in Hand mit dem Gutsherrn gegangen ist, so ist es der klerikale Sozialismus mit dem feudalen Sozialismus getan

همانطور که کشیش تا به حال دست در دست صاحبخانه رفته است، سوسیالیسم روحانیت با سوسیالیسم فئودالی نیز همراه است

Nichts ist leichter, als der christlichen Askese einen sozialistischen Anstrich zu geben

هیچ چیز اسان تر از این نیست که به زاهد مسیحی یک شئاتر سوسیالیستی بدهیم

Hat nicht das Christentum gegen das Privateigentum, gegen die Ehe, gegen den Staat deklamiert?

ایا مسیحیت علیه مالکیت خصوصی، علیه ازدواج و علیه دولت ادعا نکرده است؟

Hat das Christentum nicht an die Stelle dieser Nächstenliebe und Armut getreten?

ایا مسیحیت به جای اینها، خیریه و فقر موعظه نکرده است؟

Predigt das Christentum nicht den Zölibat und die Abtötung des Fleisches, das monastische Leben und die Mutter Kirche?

ایا مسیحیت مجردی و تحقیر گوشت، زندگی صومعه و کلیسای مادر را موعظه نمی کند؟

Der christliche Sozialismus ist nur das Weihwasser, mit dem der Priester das Herzbrennen des Aristokraten weiht

سوسیالیسم مسیحی چیزی جز اب مقدسی نیست که کشیش با ان قلب سوزهای اشراف زاده را تقدیس می کند.

b) Kleinbürgerlicher Sozialismus

ب (سوسیالیسم خرده بورژوائی)

**Die feudale Aristokratie war nicht die einzige Klasse, die
von der Bourgeoisie ruiniert wurde**

اشرافیت فئودالی تنها طبقه ای نبود که توسط بورژوازی نابود شد.

**sie war nicht die einzige Klasse, deren Existenzbedingungen
in der Atmosphäre der modernen Bourgeoisie Gesellschaft
schmachten und zugrunde gingen**

این تنها طبقه ای نبود که شرایط زندگی اش در فضای جامعه بورژوازی
مدرن به هم می خورد و نابود می شد.

**Die mittelalterliche Bürgerschaft und die kleinbäuerlichen
Eigentümer waren die Vorläufer des modernen Bourgeoisie**

بورژواهای قرون وسطایی و مالکان کوچک دهقانی پیشگامان
بورژوازی مدرن بودند

**In den Ländern, die industriell und kommerziell nur wenig
entwickelt sind, vegetieren diese beiden Klassen noch Seite
an Seite**

در کشورهایی که از نظر صنعتی و تجاری کمتر توسعه یافته هستند،
این دو طبقه هنوز در کنار هم قرار دارند.

**und in der Zwischenzeit erhebt sich die Bourgeoisie neben
ihnen: industriell, kommerziell und politisch**

و در عین حال بورژوازی در کنار انها قیام می کند :صنعتی، تجاری و
سیاسی

**In den Ländern, in denen die moderne Zivilisation voll
entwickelt ist, hat sich eine neue Klasse des
Kleinbourgeoisie gebildet**

در کشورهایی که تمدن مدرن به طور کامل توسعه یافته است، طبقه
جدیدی از خرده بورژوازی تشکیل شده است.

**diese neue soziale Klasse schwankt zwischen Proletariat
und Bourgeoisie**

این طبقه اجتماعی جدید بین پرولتاریا و بورژوازی در نوسان است

**und sie erneuert sich ständig als ergänzender Teil der
Bourgeoisie Gesellschaft**

و همواره خود را به عنوان یک بخش تکمیلی از جامعه بورژوازی
تجدید می کند

Die einzelnen Glieder dieser Klasse aber werden
fortwährend in das Proletariat hinabgeschleudert

با این حال، اعضای این طبقه به طور مداوم به پرولتاریا پرتاب می
شوند.

sie werden vom Proletariat durch die Einwirkung der
Konkurrenz aufgesaugt

انها توسط پرولتاریا از طریق عمل رقابت مکیده می شوند

In dem Maße, wie sich die moderne Industrie entwickelt,
sehen sie sogar den Augenblick herannahen, in dem sie als
eigenständiger Teil der modernen Gesellschaft völlig
verschwinden wird

همانطور که صنعت مدرن توسعه می یابد، انها حتی لحظه ای را می
بینند که به طور کامل به عنوان یک بخش مستقل از جامعه مدرن ناپدید
می شوند.

Sie werden in der Manufaktur, in der Landwirtschaft und
im Handel durch Aufseher, Gerichtsvollzieher und Krämer
ersetzt werden

انها در تولید، کشاورزی و تجارت، توسط نادیده گیرندگان، مجریان و
مغازه داران جایگزین خواهند شد

In Ländern wie Frankreich, wo die Bauern weit mehr als die
Hälfte der Bevölkerung ausmachen

در کشورهایی مانند فرانسه، جایی که دهقانان بیش از نیمی از جمعیت
را تشکیل می دهند.

es war natürlich, dass es Schriftsteller gab, die sich auf die
Seite des Proletariats gegen die Bourgeoisie stellten

طبیعی بود که نویسندگانی هستند که طرف پرولتاریا را در برابر
بورژوازی گرفتهاند

in ihrer Kritik am Bourgeoisie Regime benutzten sie den
Maßstab des Bauern- und Kleinbourgeoisie

در انتقاد از رژیم بورژوازی از استاندارد دهقانان و خرده بورژوازی
استفاده کردند

Und vom Standpunkt dieser Zwischenklassen aus ergreifen
sie die Keule für die Arbeiterklasse

و از نقطه نظر این طبقات متوسط چماقها را برای طبقه کارگر می
گیرند

So entstand der Kleinbourgeoisie Sozialismus, dessen
Haupt Sismondi nicht nur in Frankreich, sondern auch in
England war

بدین ترتیب سوسیالیسم خرده بورژوازی به وجود امد، که یسمونی رئیس
این مدرسه بود، نه تنها در فرانسه بلکه در انگلستان.

Diese Schule des Sozialismus sezierte mit großer Schärfe die
Widersprüche in den Bedingungen der modernen
Produktion

این مکتب سوسیالیسم تناقضات موجود در شرایط تولید مدرن را با شدت
زیادی تشریح میکرد

Diese Schule entlarvte die heuchlerischen
Entschuldigungen der Ökonomen

این مدرسه عذرخواهی ریاکارانه اقتصاددانان را اشکار کرد

Diese Schule bewies unwiderlegbar die verheerenden
Auswirkungen der Maschinerie und der Arbeitsteilung

این مدرسه، بدون هیچ انکاری، اثرات فاجعه بار ماشین الات و تقسیم
کار را ثابت کرد.

Es bewies die Konzentration von Kapital und Grund und
Boden in wenigen Händen

این نشان داد که سرمایه و زمین در دست چند نفر است

sie bewies, wie Überproduktion zu Bourgeoisie-Krisen führt

این نشان داد که چگونه تولید بیش از حد منجر به بحران بورژوازی
می شود

sie wies auf den unvermeidlichen Ruin des
Kleinbourgeoisie' und der Bauern hin

به نابودی اجتناب ناپذیر خرده بورژوازی و دهقانان اشاره داشت

das Elend des Proletariats, die Anarchie in der Produktion,
die schreiende Ungleichheit in der Verteilung des
Reichtums

بدبختی پرولتاریا، هرج و مرج در تولید، نابرابری گریه در توزیع
ثروت

Er zeigte, wie das Produktionssystem den industriellen
Vernichtungskrieg zwischen den Nationen führt

این نشان داد که چگونه سیستم تولید منجر به جنگ صنعتی نابودی بین
ملت ها می شود

die Auflösung der alten sittlichen Bande, der alten Familienverhältnisse, der alten Nationalitäten

انحلال پیوندهای اخلاقی کهن، روابط خانوادگی قدیمی، ملیتهای کهن

In ihren positiven Zielen strebt diese Form des Sozialismus jedoch eines von zwei Dingen an

با این حال، در اهداف مثبت خود، این شکل از سوسیالیسم ارزوی دستیابی به یکی از این دو چیز را دارد.

Entweder zielt sie darauf ab, die alten Produktions- und Tauschmittel wiederherzustellen

یا قصد دارد وسایل قدیمی تولید و مبادله را احیا کند.

und mit den alten Produktionsmitteln würde sie die alten Eigentumsverhältnisse und die alte Gesellschaft wiederherstellen

و با وسایل قدیمی تولید، روابط مالکیت قدیمی و جامعه قدیمی را احیا خواهد کرد.

oder sie zielt darauf ab, die modernen Produktions- und Austauschmittel in den alten Rahmen der Eigentumsverhältnisse zu zwängen

یا هدف ان این است که ابزار مدرن تولید و مبادله را به چارچوب قدیمی روابط مالکیت تبدیل کند.

In beiden Fällen ist es sowohl reaktionär als auch utopisch

در هر دو مورد، هم ارتجاعی و هم اتوپیایی است.

Seine letzten Worte lauten: Korporativzünfte für die Manufaktur, patriarchalische Verhältnisse in der Landwirtschaft

اخرین کلمات ان عبارتند از :اصناف شرکت برای تولید، روابط پدرسالارانه در کشاورزی

Schließlich, als hartnäckige historische Tatsachen alle berauschenden Wirkungen der Selbsttäuschung zerstreut hatten,

در نهایت، هنگامی که حقایق تاریخی سرسختانه تمام اثرات مست کننده خود فریبی را پراکنده کرده بود

diese Form des Sozialismus endete in einem elenden Anfall von Mitleid

این شکل از سوسیالیسم با ترحمی رقتانگیز پایان یافت

c) Deutscher oder "wahrer" Sozialismus

"ج (سوسياليسم المانى يا "واقعى

Die sozialistische und kommunistische Literatur
Frankreichs entstand unter dem Druck einer herrschenden
Bourgeoisie

ادبيات سوسياليستى و كمونيستى فرانسه تحت فشار بورژوازى در
قدرت اغاز شد.

Und diese Literatur war der Ausdruck des Kampfes gegen
diese Macht

و اين ادبيات مظهر مبارزه عليه اين قدرت بود

sie wurde in Deutschland zu einer Zeit eingeführt, als die
Bourgeoisie gerade ihren Kampf mit dem feudalen
Absolutismus begonnen hatte

اين كتاب در زمانى به المان وارد شد كه بورژوازى تازه مبارزه خود
را با استبداد فئودالى اغاز كرده بود.

Deutsche Philosophen, Möchtegern-Philosophen und Beaux
Esprits griffen begierig zu dieser Literatur

فيلسوفان المانى، فيلسوفان مى شود، و روح زيبا، مشتاقانه در اين
ادبيات به دست گرفت

aber sie vergaßen, daß die Schriften aus Frankreich nach
Deutschland einwanderten, ohne die französischen
Gesellschaftsverhältnisse mitzubringen

اما فراموش كردند كه نوشتها از فرانسه به المان مهاجرت كردهاند
بدون انكه شرايط اجتماعى فرانسه را به همراه داشته باشند.

Im Kontakt mit den deutschen gesellschaftlichen
Verhältnissen verlor diese französische Literatur ihre
unmittelbare praktische Bedeutung

در تماس با شرايط اجتماعى المان، اين ادبيات فرانسوى تمام اهميت
عملى فورى خود را از دست داد.

und die kommunistische Literatur Frankreichs nahm in
deutschen akademischen Kreisen einen rein literarischen
Aspekt an

و ادبيات كمونيستى فرانسه در محافل دانشگاهى المان جنبه ادبى محض
به خود گرفت

So waren die Forderungen der ersten Französischen
Revolution nichts anderes als die Forderungen der
"praktischen Vernunft"

بنابراین، خواسته های انقلاب اول فرانسه چیزی بیش از خواسته های
عقل عملی "نبود".

und die Willensäußerung der revolutionären französischen
Bourgeoisie bedeutete in ihren Augen das Gesetz des reinen
Willens

و بیان اراده بورژوازی انقلابی فرانسه در چشم انها قانون اراده خالص
را نشان می داد

es bedeutete den Willen, wie er sein mußte; des wahren
menschlichen Willens überhaupt

این به معنای ویل بود، همانطور که باید باشد؛ از اراده واقعی انسان به
طور کلی

Die Welt der deutschen Literaten bestand einzig und allein
darin, die neuen französischen Ideen mit ihrem alten
philosophischen Gewissen in Einklang zu bringen

جهان ادبیات المانی تنها شامل اوردن ایده های جدید فرانسوی به
هماهنگی با وجدان فلسفی باستانی انها بود.

oder vielmehr, sie annektierten die französischen Ideen,
ohne ihren eigenen philosophischen Standpunkt
aufzugeben

یا بهتر بگویم، انها ایدههای فرانسوی را ضمیمه کردند بدون اینکه
دیدگاه فلسفی خود را رها کنند.

Diese Annexion vollzog sich auf die gleiche Weise, wie man
sich eine Fremdsprache aneignet, nämlich durch
Übersetzung

این الحاق به همان شیوه ای صورت گرفت که یک زبان خارجی، یعنی
با ترجمه، اختصاص داده می شود.

Es ist bekannt, wie die Mönche alberne Leben katholischer
Heiliger über Manuskripte schrieben

به خوبی شناخته شده است که چگونه راهبان زندگی احمقانه مقدسین
کاتولیک را بر روی نسخه های خطی نوشتند

die Manuskripte, auf denen die klassischen Werke des
antiken Heidentums geschrieben waren

دستنوشتههایی که اثار کلاسیک امتهای باستانی بر روی انها نوشته شده بود

Die deutschen Literaten kehrten diesen Prozess mit der profanen französischen Literatur um

ادبیات المانی این روند را با ادبیات فرانسوی بی حرمتی معکوس کرد

Sie schrieben ihren philosophischen Unsinn unter das französische Original

انها چرندیات فلسفی خود را در زیر اصل فرانسوی نوشتند

Zum Beispiel schrieben sie unter der französischen Kritik an den ökonomischen Funktionen des Geldes "Entfremdung der Menschheit"

به عنوان مثال، در زیر انتقاد فرانسه از عملکرد اقتصادی پول، انها بیگانگی بشریت "را نوشتند".

unter die französische Kritik am Bourgeoisie Staat schrieben sie "Entthronung der Kategorie des Generals"

در زیر انتقاد فرانسه از دولت بورژوازی انها نوشتند "خلع طبقه عمومی"

Die Einführung dieser philosophischen Phrasen hinter der französischen Geschichtskritik nannten sie:

معرفی این عبارات فلسفی در پشت انتقادات تاریخی فرانسه انها لقب:

"Philosophie des Handelns", "Wahrer Sozialismus", "Deutsche Sozialismuswissenschaft", "Philosophische Grundlagen des Sozialismus" und so weiter

فلسفه عمل«، سوسیالیسم واقعی«، علم سوسیالیسم المان«، بنیاد فلسفی سوسیالیسم «و غیره

Die französische sozialistische und kommunistische Literatur wurde damit völlig entmannt

بدین ترتیب ادبیات سوسیالیستی و کمونیستی فرانسه کاملا از بین میرفت

in den Händen der deutschen Philosophen hörte sie auf, den Kampf der einen Klasse mit der anderen auszudrücken

در دست فلاسفه المانی از بیان کشمکش یک طبقه با طبقه دیگر دست کشید

und so fühlten sich die deutschen Philosophen bewußt, die "französische Einseitigkeit" überwunden zu haben

و بنابراین فیلسوفان المانی احساس می کردند که از غلبه بر "یک طرفه بودن فرانسه "اگاه هستند.

Sie musste keine wahren Forderungen repräsentieren, sondern sie repräsentierte Forderungen der Wahrheit

لازم نبود الزامات واقعی را نشان دهد، بلکه نشان دهنده الزامات حقیقت بود۔

es gab kein Interesse am Proletariat, sondern an der menschlichen Natur

هیچ علاقه ای به پرولتاریا وجود نداشت، بلکه علاقه به طبیعت انسان وجود داشت۔

das Interesse galt dem Menschen überhaupt, der keiner Klasse angehört und keine Wirklichkeit hat

علاقه به انسان به طور کلی بود، که متعلق به هیچ طبقه ای نیست و واقعیت ندارد

ein Mann, der nur im nebligen Reich der philosophischen Fantasie existiert

مردی که فقط در قلمرو مبهم فانتزی فلسفی وجود دارد

aber schließlich verlor auch dieser deutsche Schulsozialismus seine pedantische Unschuld

اما سرانجام این سوسیالیسم المانی دانش اموز نیز معصومیت خود را از دست داد

die deutsche Bourgeoisie und besonders die preußische Bourgeoisie kämpfte gegen die feudale Aristokratie

بورژوازی المان و به ویژه بورژوازی پروس علیه اشرافیت فئودالی جنگیدند

auch die absolute Monarchie Deutschlands und Preußens wurde bekämpft

سلطنت مطلقه المان و پروس نیز علیه

Und im Gegenzug wurde auch die Literatur der liberalen Bewegung ernster

و به نوبه خود، ادبیات جنبش لیبرال نیز جدی تر شد

Deutschlands lang ersehnte Chance auf einen "wahren" Sozialismus wurde geboten

فرصت طولانی مدت المان برای سوسیالیسم "واقعی "ارائه شد

die Möglichkeit, die politische Bewegung mit den sozialistischen Forderungen zu konfrontieren

فرصت مقابله با جنبش سیاسی با مطالبات سوسیالیستی

die Gelegenheit, die traditionellen Bannsprüche gegen den Liberalismus zu schleudern

فرصتی برای پرتاب نفرت سنتی علیه لیبرالیسم

die Möglichkeit, die repräsentative Regierung und die Bourgeoisie Konkurrenz anzugreifen

فرصتی برای حمله به دولت نماینده و رقابت بورژوازی

Pressefreiheit der Bourgeoisie, Bourgeoisie Gesetzgebung, Bourgeoisie Freiheit und Gleichheit

ازادی مطبوعات بورژوازی، قانون بورژوازی، ازادی بورژوازی و برابری

All dies könnte nun in der realen Welt kritisiert werden, anstatt in der Fantasie

همه اینها اکنون می تواند در دنیای واقعی مورد انتقاد قرار گیرد، نه در فانتزی

Feudalaristokratie und absolute Monarchie hatten den Massen lange gepredigt

اریستوکراسی فئودالی و سلطنت مطلقه مدتها بود که برای تودهها موعظه میکردند

"Der Arbeiter hat nichts zu verlieren und er hat alles zu gewinnen"

کارگر چیزی برای از دست دادن ندارد و همه چیز برای به دست اوردن دارد.

auch die Bourgeoisie bewegung bot eine Chance, sich mit diesen Plattitüden auseinanderzusetzen

جنبش بورژوازی نیز فرصتی برای مقابله با این چیزهای مبتذل ارائه داد

die französische Kritik setzte die Existenz der modernen Bourgeoisie Gesellschaft voraus

انتقاد فرانسویها وجود جامعه بورژوازی مدرن را پیش فرض میکرد

Bourgeoisie, ökonomische Existenzbedingungen und Bourgeoisie politische Verfassung

شرایط اقتصادی وجودی بورژوازی و قانون اساسی سیاسی بورژوازی

gerade die Dinge, deren Errungenschaft Gegenstand des in Deutschland anstehenden Kampfes war

همان چیزهایی که دستیابی به انها هدف مبارزهی در حال انتظار در المان بود

Deutschlands albernes Echo des Sozialismus hat diese Ziele gerade noch rechtzeitig aufgegeben

پژواک احمقانه سوسیالیسم المان این اهداف را درست در زمان مناسب رها کرد

Die absoluten Regierungen hatten ihre Gefolgschaft aus Pfarrern, Professoren, Landjunkern und Beamten

دولتهای مطلقه از پارسونها، استادان، مهتریان و مقامات کشور پیروی میکردند

die damalige Regierung begegnete den deutschen Arbeiteraufständen mit Auspeitschungen und Kugeln

دولت ان زمان قیامهای طبقه کارگر المان را با شلاق و گلوله مواجه کرد۔

ihnen diente dieser Sozialismus als willkommene Vogelscheuche gegen die drohende Bourgeoisie

برای انها این سوسیالیسم به عنوان یک مترسک خوش امد گویی در برابر بورژوازی تهدید امیز بود

und die deutsche Regierung konnte nach den bitteren Pillen, die sie austeilte, ein süßes Dessert anbieten

و دولت المان بعد از قرصهای تلخی که به دست میداد، توانست دسر شیرینی به او تعارف کند۔

dieser "wahre" Sozialismus diente also den Regierungen als Waffe im Kampf gegen die deutsche Bourgeoisie

این سوسیالیسم "واقعی "بدین ترتیب به عنوان سلاحی برای مبارزه با بورژوازی المان به دولت ها خدمت کرد۔

und gleichzeitig repräsentierte sie direkt ein reaktionäres Interesse; die der deutschen Philister

و در عین حال، ان را به طور مستقیم نشان دهنده منافع ارتجاعی؛ که از فلسطینیهای المان بود

In Deutschland ist das Kleinbourgeoisie die wirkliche gesellschaftliche Grundlage des bestehenden Zustandes

در المان طبقه خرده بورژوازی پایه و اساس اجتماعی واقعی وضعیت موجود امور است۔

Ein Relikt des sechzehnten Jahrhunderts, das immer wieder in verschiedenen Formen auftaucht

از قرن شانزدهم است که به طور مداوم در اشکال relique یک مختلف رشد می کند

Diese Klasse zu bewahren bedeutet, den bestehenden
Zustand in Deutschland zu bewahren

حفظ این طبقه یعنی حفظ وضع موجود در المان.

Die industrielle und politische Vorherrschaft der
Bourgeoisie bedroht das KleinBourgeoisie mit der sicheren
Vernichtung

برتری صنعتی و سیاسی بورژوازی خرده بورژوازی را با نابودی
حتمی تهدید میکند.

auf der einen Seite droht sie das Kleinbourgeoisiedurch die
Konzentration des Kapitals zu vernichten

از یک طرف، تهدید به نابودی خرده بورژوازی از طریق تمرکز
سرمایه است.

auf der anderen Seite droht die Bourgeoisie, sie durch den
Aufstieg eines revolutionären Proletariats zu zerstören

از سوی دیگر، بورژوازی تهدید به نابودی ان از طریق ظهور یک
پرولتاریای انقلابی می کند.

Der "wahre" Sozialismus schien diese beiden Fliegen mit
einer Klappe zu schlagen. Es breitete sich wie eine Epidemie
aus

به نظر می رسد سوسیالیسم "واقعی "این دو پرنده را با یک سنگ می
کشد. مثل یک بیماری همه گیر گسترش می یابد

Das Gewand spekulativer Spinnweben, bestickt mit Blumen
der Rhetorik, durchtränkt vom Tau kränklicher Gefühle

ردای تار عنکبوتهای سوداگرانه که با گلهای لفاظی دوزی شده بود و
در شبنم احساسات بیمارگونه غوطه ور بود

dieses transzendentale Gewand, in das die deutschen
Sozialisten ihre traurigen "ewigen Wahrheiten" hüllten

این ردای متعالی که سوسیالیستهای المانی حقایق ابدی «تاسفبار خود را
در ان میپیچند

alle Haut und Knochen, dienten dazu, den Absatz ihrer
Waren bei einem solchen Publikum wunderbar zu
vermehren.

همه پوست و استخوان، خدمت به فوق العاده افزایش فروش کالاهای
خود را در میان چنین عمومی

Und der deutsche Sozialismus seinerseits erkannte mehr
und mehr seine eigene Berufung

و به نوبه خود، سوسیالیسم المان، بیشتر و بیشتر، فراخوان خود را به رسمیت شناخت

sie war berufen, die bombastische Vertreterin des Kleinbourgeoisie Philisters zu sein

ان را نماینده پر سر و صدا از خرده بورژوازی فلسطینی نامیده می شد

Sie proklamierte die deutsche Nation als Musternation und den deutschen Kleinphilister als Mustermann

ملت المان را ملت نمونه اعلام کرد و فلسطینی کوچک المانی مرد نمونه

Jeder schurkischen Gemeinheit dieses Mustermenschen gab sie eine verborgene, höhere, sozialistische Deutung

برای هر بدجنسی شرورانه این مرد نمونه، تفسیر پنهان، بالاتر و سوسیالیستی بود

diese höhere, sozialistische Deutung war das genaue Gegenteil ihres wirklichen Charakters

این تفسیر سوسیالیستی بالاتر دقیقا بر خلاف شخصیت واقعی ان بود

Sie ging so weit, sich der "brutal destruktiven" Tendenz des Kommunismus direkt entgegenzustellen

این به شدت به مخالفت مستقیم با گرایش "وحشیانه مخرب "کمونیسم رسید.

und sie proklamierte ihre höchste und unparteiische Verachtung aller Klassenkämpfe

و تحقیر عالی و بی طرفانه خود را از تمام مبارزات طبقاتی اعلام کرد

Mit sehr wenigen Ausnahmen gehören alle sogenannten sozialistischen und kommunistischen Publikationen, die jetzt (1847) in Deutschland zirkulieren, in den Bereich dieser üblen und entnervenden Literatur

با استثنائات بسیار کمی، تمام نشریات به اصطلاح سوسیالیستی و کمونیستی که اکنون)1847 (در المان گردش می کنند، متعلق به حوزه این ادبیات کثیف و خسته کننده است.

2) Konservativer Sozialismus oder bürgerlicher Sozialismus

سوسیالیسم محافظه کار یا سوسیالیسم بورژوازی

Ein Teil der Bourgeoisie will soziale Missstände beseitigen

بخشی از بورژوازی خواهان جبران نارضایتیهای اجتماعی است

um den Fortbestand der Bourgeoisie Gesellschaft zu sichern

به منظور تضمین وجود تداوم جامعه بورژوازی

Zu dieser Sektion gehören Ökonomen, Philanthropen, Menschenfreunde

به این بخش متعلق به اقتصاددانان، بشردوستان، بشردوستانه

Verbesserer der Lage der Arbeiterklasse und Organisatoren der Wohltätigkeit

بهبود وضعیت طبقه کارگر و سازمان دهندگان خیریه

Mitglieder von Gesellschaften zur Verhütung von Tierquälerei

اعضای جوامع برای جلوگیری از ظلم به حیوانات

Mäßigkeitsfanatiker, Loch-und-Ecken-Reformer aller erdenklichen Art

متعصبان اعتدال، اصلاح طلبان سوراخ و گوشه از هر نوع قابل تصور

Diese Form des Sozialismus ist überdies zu vollständigen Systemen ausgearbeitet worden

علاوه بر این، این شکل از سوسیالیسم به سیستم های کامل تبدیل شده است.

Als Beispiel für diese Form sei Proudhons "Philosophie de la Misère" angeführt

پرودون را به "Philosophie de la Misère" ما ممکن است عنوان نمونه ای از این فرم ذکر کنیم

Die sozialistische Bourgeoisie will alle Vorteile der modernen gesellschaftlichen Verhältnisse

بورژوازی سوسیالیستی تمام مزایای شرایط اجتماعی مدرن را می خواهد

aber die sozialistische Bourgeoisie will nicht unbedingt die daraus resultierenden Kämpfe und Gefahren

اما بورژوازی سوسیالیستی لزوما مبارزات و خطرات ناشی از ان را نمی خواهد

Sie wollen den bestehenden Zustand der Gesellschaft,
abzüglich ihrer revolutionären und zerfallenden Elemente

انها خواهان وضعیت موجود جامعه، منهای عناصر انقلابی و متلاشی
کننده ان هستند.

mit anderen Worten, sie wünschen sich eine Bourgeoisie
ohne Proletariat

به عبارت دیگر، انها برای یک بورژوازی بدون پرولتاریا ارزو می
کنند

Die Bourgeoisie begreift natürlich die Welt, in der sie die
höchste ist, die Beste zu sein

بورژوازی به طور طبیعی جهانی را تصور می کند که در ان عالی
است که بهترین باشد.

und der Bourgeoisie Sozialismus entwickelt diese bequeme
Auffassung zu verschiedenen mehr oder weniger
vollständigen Systemen

و بورژوازی سوسیالیسم این مفهوم راحت را به نظامهای کم و بیش
کامل توسعه میدهد.

sie wünschen sich sehr, dass das Proletariat geradewegs in
das soziale Neue Jerusalem marschiert

خیلی دوست دارند که پرولتاریا بیراهه به سوی اورشلیم جدید اجتماعی
حرکت کند

Aber in Wirklichkeit verlangt sie, dass das Proletariat
innerhalb der Grenzen der bestehenden Gesellschaft bleibt

اما در واقع این امر مستلزم ان است که پرولتاریا در محدوده جامعه
موجود باقی بماند.

sie fordern das Proletariat auf, alle seine hasserfüllten Ideen
über die Bourgeoisie abzulegen

انها از پرولتاریا میخواهند که تمام اندیشههای نفرتانگیز خود را درباره
بورژوازی کنار نهند،

es gibt eine zweite, praktischere, aber weniger systematische
Form dieses Sozialismus

یک شکل دوم عملی تر، اما کمتر سیستماتیک، از این سوسیالیسم وجود
دارد

Diese Form des Sozialismus versuchte, jede revolutionäre
Bewegung in den Augen der Arbeiterklasse abzuwerten

این شکل از سوسیالیسم به دنبال تحقیر هر جنبش انقلابی در چشم طبقه کارگر بود

Sie argumentieren, dass keine bloße politische Reform für sie von Vorteil sein könnte

انها استدلال می کنند که هیچ اصلاح سیاسی صرف نمی تواند به نفع انها باشد

nur eine Veränderung der materiellen Existenzbedingungen in den wirtschaftlichen Beziehungen ist von Nutzen

تنها تغییر در شرایط مادی وجود در مناسبات اقتصادی سودمند است.

Wie der Kommunismus tritt auch diese Form des Sozialismus für eine Veränderung der materiellen Existenzbedingungen ein

مانند کمونیسم، این شکل از سوسیالیسم طرفدار تغییر در شرایط مادی وجود است.

Diese Form des Sozialismus bedeutet jedoch keineswegs, dass die Bourgeoisie Produktionsverhältnisse abgeschafft werden

با این حال، این شکل از سوسیالیسم به هیچ وجه نشان نمی دهد لغو روابط تولید بورژوازی

die Abschaffung der Bourgeoisie Produktionsverhältnisse kann nur durch eine Revolution erreicht werden

الغای روابط تولید بورژوازی تنها از طریق یک انقلاب حاصل خواهد شد.

Doch statt einer Revolution schlägt diese Form des Sozialismus Verwaltungsreformen vor

اما به جای انقلاب، این شکل از سوسیالیسم اصلاحات اداری را نشان می دهد

und diese Verwaltungsreformen würden auf dem Fortbestand dieser Beziehungen beruhen

و این اصلاحات اداری مبتنی بر ادامه وجود این روابط خواهد بود

Reformen, die in keiner Weise die Beziehungen zwischen Kapital und Arbeit berühren

بنابراین، اصلاحاتی که به هیچ وجه بر روابط بین سرمایه و کار تاثیر نمی گذارد.

im besten Fall verringern solche Reformen die Kosten und vereinfachen die Verwaltungsarbeit der Bourgeoisie Regierung

در بهترین حالت، چنین اصلاحاتی هزینه را کاهش می دهد و کار اداری دولت بورژوازی را ساده می کند.

Der Bourgeoisie Sozialismus kommt dann und nur dann adäquat zum Ausdruck, wenn er zur bloßen Redewendung wird

سوسیالیسم بورژوایی به بیان کافی دست می یابد، چه زمانی و تنها زمانی که صرفا به یک شخصیت گفتاری تبدیل می شود.

Freihandel: zum Wohle der Arbeiterklasse

تجارت ازاد :به نفع طبقه کارگر

Schutzpflichten: zum Wohle der Arbeiterklasse

وظایف حفاظتی :به نفع طبقه کارگر

Gefängnisreform: zum Wohle der Arbeiterklasse

اصلاح زندان :به نفع طبقه کارگر

Das ist das letzte Wort und das einzig ernst gemeinte Wort des Bourgeoisie Sozialismus

این اخرین کلمه و تنها کلمه جدی سوسیالیسم بورژوازی است.

Sie ist in dem Satz zusammengefasst: Die Bourgeoisie ist eine Bourgeoisie zum Wohle der Arbeiterklasse

در این عبارت خلاصه می شود :بورژوازی یک بورژوازی است که به نفع طبقه کارگر است.

3) Kritisch-utopischer Sozialismus und Kommunismus

انتقادی- ارمانشهری سوسیالیسم و کمونیسم

Wir beziehen uns hier nicht auf jene Literatur, die den Forderungen des Proletariats immer eine Stimme gegeben hat

ما در اینجا به ادبیاتی اشاره نمیکنیم که همواره خواستههای پرولتاریا را به صدا در اورده است.

dies war in jeder großen modernen Revolution vorhanden, wie z. B. in den Schriften von Babeuf und anderen

این در هر انقلاب بزرگ مدرن، مانند نوشته های بابوف و دیگران وجود داشته است.

Die ersten unmittelbaren Versuche des Proletariats, seine eigenen Ziele zu erreichen, scheiterten notwendigerweise

اولین تلاشهای مستقیم پرولتاریا برای رسیدن به اهداف خود ضرورتا با شکست مواجه شد.

Diese Versuche wurden in Zeiten allgemeiner Aufregung unternommen, als die feudale Gesellschaft gestürzt wurde

این تلاشها در زمان هیجان جهانی، زمانی که جامعه فئودالی در حال سرنگونی بود، انجام شد.

Der damals noch unterentwickelte Zustand des Proletariats führte zum Scheitern dieser Versuche

دولت پرولتاریا که در ان زمان توسعه نیافته بود، منجر به شکست این تلاشها شد.

und sie scheiterten am Fehlen der wirtschaftlichen Voraussetzungen für ihre Emanzipation

و انها به دلیل عدم وجود شرایط اقتصادی برای رهایی ان شکست خوردند

Bedingungen, die erst noch geschaffen werden mussten und die durch die bevorstehende Epoche der Bourgeoisie allein hervorgebracht werden konnten

شرایطی که هنوز به وجود نیامده بود و تنها با عصر قریب الوقوع بورژوازی می توانست تولید شود

Die revolutionäre Literatur, die diese ersten Bewegungen des Proletariats begleitete, hatte notwendigerweise einen reaktionären Charakter

ادبیات انقلابی که با با این جنبشهای اولیه پرولتاریا همراه بود، ضرورتا خصلت ارتجاعی داشت.

Diese Literatur schärfte universelle Askese und soziale Nivellierung in ihrer gröbsten Form ein

این ادبیات زاهدانه جهانی و تسطیف اجتماعی را در خامترین شکل خود القا میکرد.

Die sozialistischen und kommunistischen Systeme, die man eigentlich so nennt, entstehen in der frühen unentwickelten Periode

سیستم های سوسیالیستی و کمونیستی، به درستی به اصطلاح، در اوایل دوره توسعه نیافته به وجود می ایند

Saint-Simon, Fourier, Owen und andere beschrieben den Kampf zwischen Proletariat und Bourgeoisie (siehe Abschnitt 1)

سنت سیمون، فوریر، اوون و دیگران، مبارزه بین پرولتاریا و بورژوازی را توصیف کردند)بخش 1 را ببینید(

Die Begründer dieser Systeme sehen in der Tat die Klassengegensätze

بنیانگذاران این سیستم ها در واقع تضادهای طبقاتی را می بینند

Sie sehen auch das Wirken der sich zersetzenden Elemente in der herrschenden Gesellschaftsform

انها همچنین عمل عناصر در حال تجزیه را در شکل غالب جامعه می بینند

Aber das Proletariat, das noch in den Kinderschuhen steckt, bietet ihnen das Schauspiel einer Klasse ohne jede historische Initiative

اما پرولتاریا، که هنوز در دوران کودکی خود است، نمایش یک طبقه بدون هیچ ابتکار تاریخی را به انها ارائه می دهد.

Sie sehen das Schauspiel einer sozialen Klasse ohne unabhängige politische Bewegung

منظرهی یک طبقهی اجتماعی را میبینند که هیچ جنبش سیاسی مستقلی ندارد

Die Entwicklung des Klassengegensatzes hält mit der Entwicklung der Industrie Schritt

توسعه تضاد طبقاتی حتی با توسعه صنعت همگام است

Die ökonomische Lage bietet ihnen also noch nicht die materiellen Bedingungen für die Befreiung des Proletariats

از این رو وضعیت اقتصادی هنوز شرایط مادی رهایی پرولتاریا را به انها عرضه نکرده است.

Sie suchen also nach einer neuen Sozialwissenschaft, nach neuen sozialen Gesetzen, die diese Bedingungen schaffen sollen

بنابراین انها به دنبال یک علوم اجتماعی جدید، پس از قوانین اجتماعی جدید، که این شرایط را ایجاد می کنند، جستجو می کنند.

historisches Handeln besteht darin, sich ihrem persönlichen erfinderischen Handeln zu beugen

عمل تاریخی این است که تسلیم عمل خلاقانه شخصی خود شوند

Historisch geschaffene Emanzipationsbedingungen sollen phantastischen Verhältnissen weichen

شرایط رهایی که از لحاظ تاریخی ایجاد شده است، باید به شرایط خیالی تسلیم شود

und die allmähliche, spontane Klassenorganisation des Proletariats soll der Organisation der Gesellschaft weichen

و سازمان طبقاتی تدریجی و خودجوش پرولتاریا باید تسلیم سازماندهی جامعه شود

die Organisation der Gesellschaft, die von diesen Erfindern eigens ersonnen wurde

سازماندهی جامعه که به طور خاص توسط این مخترعان طراحی شده است

Die zukünftige Geschichte löst sich in ihren Augen in die Propaganda und die praktische Durchführung ihrer sozialen Pläne auf

تاریخ اینده، در چشم انها، خود را به تبلیغات و اجرای عملی برنامه های اجتماعی خود حل می کند.

Bei der Ausarbeitung ihrer Pläne sind sie sich bewußt, daß sie sich in erster Linie um die Interessen der Arbeiterklasse kümmern

انها در شکل گیری نقشه هایشان اگاهند که عمدتا به منافع طبقه کارگر اهمیت می دهند.

Nur unter dem Gesichtspunkt, die leidendste Klasse zu sein, existiert das Proletariat für sie

تنها از نقطه نظر رنجشترین طبقه بودن است که که پرولتاریا برای انها وجود دارد.

Der unentwickelte Zustand des Klassenkampfes und ihre eigene Umgebung prägen ihre Meinungen

وضعیت توسعه نیافته مبارزه طبقاتی و محیط اطراف انها نظرات انها را اگاه می کند

Sozialisten dieser Art halten sich allen Klassengegensätzen weit überlegen

سوسیالیستها از این نوع خود را بسیار برتر از همه تضادهای طبقاتی میدانند

Sie wollen die Lage jedes Mitglieds der Gesellschaft verbessern, auch die der Begünstigten

انها می خواهند وضعیت هر عضو جامعه را بهبود بخشند، حتی مورد علاقه ترین افراد.

Daher appellieren sie gewöhnlich an die Gesellschaft als Ganzes, ohne Unterschied der Klasse

از این رو، انها معمولا به جامعه به طور کلی، بدون تمایز طبقه، تجدید نظر می کنند

Ja, sie appellieren an die Gesellschaft als Ganzes, indem sie die herrschende Klasse bevorzugen

نه، انها به طور کلی جامعه را به طبقه حاکم ترجیح می دهند

Für sie ist alles, was es braucht, dass andere ihr System verstehen

برای انها، تنها چیزی که لازم است این است که دیگران سیستم خود را درک کنند.

Denn wie können die Menschen nicht erkennen, dass der bestmögliche Plan für den bestmöglichen Zustand der Gesellschaft ist?

زیرا چگونه مردم نمی توانند ببینند که بهترین برنامه ممکن برای بهترین وضعیت ممکن جامعه است؟

Daher lehnen sie jede politische und vor allem jede revolutionäre Aktion ab

از این رو، انها تمام اقدامات سیاسی و به ویژه تمام اقدامات انقلابی را رد می کنند.

Sie wollen ihre Ziele mit friedlichen Mitteln erreichen

انها میخواهند با صلح و صفا به اهداف خود برسند

Sie bemühen sich durch kleine Experimente, die
notwendigerweise zum Scheitern verurteilt sind

انها با ازمایشهای کوچکی تلاش میکنند که لزوما محکوم به شکست
هستند.

und durch die Kraft des Beispiels versuchen sie, den Weg
für das neue soziale Evangelium zu ebnen

و با نیروی مثال انها سعی می کنند راه را برای انجیل اجتماعی جدید
هموار کنند

Welch phantastische Bilder von der zukünftigen
Gesellschaft, gemalt in einer Zeit, in der sich das Proletariat
noch in einem sehr unterentwickelten Zustand befindet

چنین تصاویر فوق العاده ای از جامعه اینده، در زمانی که پرولتاریا
هنوز در یک وضعیت بسیار توسعه نیافته است، نقاشی شده است.

und sie hat immer noch nur eine phantastische Vorstellung
von ihrer eigenen Stellung

و هنوز تصوری خیالی از وضع خود دارد

aber ihre ersten instinktiven Sehnsüchte entsprechen den
Sehnsüchten des Proletariats

اما نخستین ارزوهای غریزی انها با ارزوهای پرولتاریا مطابقت دارد

Beide sehnen sich nach einem allgemeinen Umbau der
Gesellschaft

هر دو ارزوی بازسازی عمومی جامعه را دارند

Aber diese sozialistischen und kommunistischen
Veröffentlichungen enthalten auch ein kritisches Element

اما این نشریات سوسیالیستی و کمونیستی نیز حاوی یک عنصر انتقادی
هستند.

Sie greifen jedes Prinzip der bestehenden Gesellschaft an

انها به هر اصل جامعه موجود حمله می کنند

Daher sind sie voll von den wertvollsten Materialien für die
Aufklärung der Arbeiterklasse

از این رو انها پر از از ارزشمندترین مواد برای روشنگری طبقه کارگر
هستند

Sie schlagen die Abschaffung der Unterscheidung zwischen
Stadt und Land und der Familie vor

انها پیشنهاد لغو تمایز بین شهر و روستا، و خانواده

die Abschaffung des Gewerbetreibens für Rechnung von Privatpersonen

لغو حمل در صنایع برای حساب از افراد خصوصی

und die Abschaffung des Lohnsystems und die Proklamation des sozialen Friedens

و لغو نظام دستمزد و اعلام هماهنگی اجتماعی

die Verwandlung der Funktionen des Staates in eine bloße Aufsicht über die Produktion

تبدیل کارکردهای دولت به یک نظارت صرف بر تولید

Alle diese Vorschläge deuten einzig und allein auf das Verschwinden der Klassengegensätze hin

تمام این پیشنهادات، تنها به ناپدید شدن خصومتهای طبقاتی اشاره دارد

Klassengegensätze waren damals gerade erst im Entstehen begriffen

خصومتهای طبقاتی در ان زمان تازه در حال ظهور بود

In diesen Veröffentlichungen werden diese Klassengegensätze nur in ihren frühesten, undeutlichen und unbestimmten Formen anerkannt

در این نشریات این تضادهای طبقاتی تنها در اولین، نامشخص و تعریف نشده خود شناخته شده است.

Diese Vorschläge haben also rein utopischen Charakter

بنابراین، این پیشنهادات از یک شخصیت صرفا اتوپیایی هستند

Die Bedeutung des kritisch-utopischen Sozialismus und des Kommunismus steht in einem umgekehrten Verhältnis zur historischen Entwicklung

اهمیت سوسیالیسم و کمونیسم ارمانشهری انتقادی رابطه معکوسی با توسعه تاریخی دارد.

Der moderne Klassenkampf wird sich entwickeln und weiter konkrete Gestalt annehmen

مبارزه طبقاتی مدرن شکل قطعی خواهد گرفت و شکل قطعی خواهد گرفت.

Dieses fantastische Ansehen des Wettbewerbs wird jeden praktischen Wert verlieren

این ایستادگی خارق العاده از مسابقه تمام ارزش عملی خود را از دست خواهد داد

Diese phantastischen Angriffe auf die Klassengegensätze verlieren jede theoretische Rechtfertigung

این حملههای خیالی به ضدیت طبقاتی همه توجیهات تئوریک را از دست خواهد داد

Die Urheber dieser Systeme waren in vielerlei Hinsicht revolutionär

بنیانگذاران این سیستم ها از بسیاری جهات انقلابی بودند.

Aber ihre Jünger haben in jedem Fall bloße reaktionäre Sekten gebildet

اما شاگردان انها، در هر مورد، فرقه های ارتجاعی صرف تشکیل داده اند

Sie halten an den ursprünglichen Ansichten ihrer Meister fest

انها نظرات اصلی اربابان خود را محکم نگه می دارند

Aber diese Anschauungen stehen im Gegensatz zur fortschreitenden geschichtlichen Entwicklung des Proletariats

اما این دیدگاهها در تضاد با تکامل تاریخی مترقی پرولتاریا هستند.

Sie bemühen sich daher, und zwar konsequent, den Klassenkampf abzustumpfen

بنابراین، انها تلاش می کنند، و این به طور مداوم، برای از بین بردن مبارزه طبقاتی

Und sie bemühen sich konsequent, die Klassengegensätze zu versöhnen

و پیوسته میکوشند تا تضادهای طبقاتی را با هم اشتی دهند

Noch träumen sie von der experimentellen Umsetzung ihrer gesellschaftlichen Utopien

انها هنوز رویای تحقق تجربی ارمانشهرهای اجتماعی خود را دارند.

sie träumen immer noch davon, isolierte "Phalanster" zu gründen und "Heimatkolonien" zu gründen

انها هنوز رویای تاسیس "فالانستر های "جدا شده و ایجاد "مستعمرات خانگی "را دارند.

sie träumen davon, eine "Kleine Ikaria" zu errichten – Duodecimo-Ausgaben des Neuen Jerusalem

کوچک "- نسخه های دوازدهه Icaria" انها رویای راه اندازی یک اورشلیم جدید

Und sie träumen davon, all diese Luftschlösser zu verwirklichen

و انها رویای تحقق تمام این قلعه در هوا

Sie sind gezwungen, an die Gefühle und den Geldbeutel der Bourgeoisie zu appellieren

انها مجبورند به احساسات و کیف پولهای بورژواها مراجعه کنند

Nach und nach sinken sie in die Kategorie der oben dargestellten reaktionären konservativen Sozialisten

به تدریج انها در مقوله سوسیالیست های محافظه کار ارتجاعی که در بالا به تصویر کشیده شده است فرو می روند

sie unterscheiden sich von diesen nur durch systematischere Pedanterie

این تفاوتها فقط به واسطهی یک دست و پا گرفتن منظمتر است.

und sie unterscheiden sich durch ihren fanatischen und abergläubischen Glauben an die Wunderwirkungen ihrer Sozialwissenschaft

و با عقاید متعصبانه و خرافاتی خود در مورد اثرات معجزهاسای علوم اجتماعی خود اختلاف نظر دارند

Sie widersetzen sich daher gewaltsam jeder politischen Aktion der Arbeiterklasse

بنابراین، انها با خشونت با تمام اقدامات سیاسی طبقه کارگر مخالفت می کنند.

ein solches Handeln kann ihrer Meinung nach nur aus blindem Unglauben an das neue Evangelium resultieren

به گفته انها، چنین عملی تنها می تواند ناشی از بی ایمانی کورکورانه به انجیل جدید باشد.

Die Owenisten in England und die Fourieristen in Frankreich stehen den Chartisten und den "Réformisten" entgegen

اونی ها در انگلستان و چهارمی ها در فرانسه به ترتیب با چارتیست ها و "فرمیست ها "مخالف هستند.

Stellung der Kommunisten zu den verschiedenen bestehenden Oppositionsparteien

موضع کمونیستها در رابطه با احزاب مختلف مخالف موجود

Abschnitt II hat die Beziehungen der Kommunisten zu den bestehenden Arbeiterparteien deutlich gemacht

بخش دوم روابط کمونیستها با احزاب طبقه کارگر موجود را روشن ساخته است.

wie die Chartisten in England und die Agrarreformer in Amerika

مانند چارتیست ها در انگلستان و اصلاح طلبان کشاورزی در امریکا

Die Kommunisten kämpfen für die Erreichung der unmittelbaren Ziele

کمونیستها برای دستیابی به اهداف فوری میجنگند

Sie kämpfen für die Durchsetzung der momentanen Interessen der Arbeiterklasse

انها برای اجرای منافع لحظه ای طبقه کارگر مبارزه می کنند

Aber in der politischen Bewegung der Gegenwart repräsentieren und kümmern sie sich auch um die Zukunft dieser Bewegung

اما در جنبش سیاسی زمان حال، انها همچنین اینده ان جنبش را نمایندگی و مراقبت می کنند.

In Frankreich verbünden sich die Kommunisten mit den Sozialdemokraten

در فرانسه کمونیستها خود را با سوسیال دمکراتها متحد میکنند

und sie positionieren sich gegen die konservative und radikale Bourgeoisie

و خود را در برابر بورژوازی محافظه کار و رادیکال قرار می دهند

sie behalten sich jedoch das Recht vor, eine kritische Position gegenüber Phrasen und Illusionen einzunehmen, die traditionell aus der großen Revolution überliefert sind

با این حال، انها این حق را برای خود محفوظ می دارند که موضع انتقادی در رابطه با عبارات و توهمات سنتی از انقلاب بزرگ داشته باشند.

In der Schweiz unterstützt man die Radikalen, ohne dabei
aus den Augen zu verlieren, dass diese Partei aus
antagonistischen Elementen besteht

انها در سوئیس از رادیکالها حمایت میکنند، بدون اینکه این واقعیت را
از دست دهند که این حزب از عناصر متخاصم تشکیل شده است.

teils von demokratischen Sozialisten im französischen
Sinne, teils von radikaler Bourgeoisie

بخشی از سوسیالیستهای دموکراتیک، به معنای فرانسوی، بخشی از
بورژوازی رادیکال

In Polen unterstützen sie die Partei, die auf einer
Agrarrevolution als Hauptbedingung für die nationale
Emanzipation beharrt

در لهستان انها از حزبی حمایت می کنند که بر انقلاب ارضی به عنوان
شرط اصلی رهایی ملی اصرار دارد.

jene Partei, die 1846 den Krakauer Aufstand angezettelt
hatte

ان دسته که در سال 1846 به شورش کراکو دامن زد

In Deutschland kämpft man mit der Bourgeoisie, wenn sie
revolutionär handelt

در المان انها با بورژوازی هر زمان که به شیوه ای انقلابی عمل می
کند، می جنگند.

gegen die absolute Monarchie, das feudale Eichhörnchen
und das Kleinbourgeoisie

علیه سلطنت مطلقه، مهترشی فئودالی و خرده بورژوازی

Aber sie hören nicht auf, der Arbeiterklasse auch nur einen
Augenblick lang eine bestimmte Idee einzuflößen

اما انها هرگز برای یک یک لحظه از القای یک ایده خاص به طبقه کارگر
دست بر نمی دارند.

die klarste Erkenntnis des feindlichen Antagonismus
zwischen Bourgeoisie und Proletariat

روشنترین شناخت ممکن از خصومت خصمانه بین بورژوازی و
پرولتاریا

damit die deutschen Arbeiter sofort von den ihnen zur
Verfügung stehenden Waffen Gebrauch machen können

تا کارگران المانی بتوانند بلافاصله از سلاحهایی که در اختیار دارند
استفاده کنند

die sozialen und politischen Bedingungen, die die
Bourgeoisie mit ihrer Herrschaft notwendigerweise
einführen muss

شرایط اجتماعی و سیاسی که بورژوازی باید ضرورتا همراه با برتری
خود معرفی کند

der Sturz der reaktionären Klassen in Deutschland ist
unvermeidlich

سقوط طبقات ارتجاعی در المان اجتناب ناپذیر است

und dann kann der Kampf gegen die Bourgeoisie selbst
sofort beginnen

و سپس مبارزه علیه بورژوازی ممکن است بلافاصله اغاز شود

Die Kommunisten richten ihre Aufmerksamkeit
hauptsächlich auf Deutschland, weil dieses Land am
Vorabend einer Bourgeoisie Revolution steht

کمونیست ها توجه خود را عمدتا به المان معطوف می کنند، زیرا این
کشور در استانه انقلاب بورژوازی است.

eine Revolution, die unter den fortgeschritteneren
Bedingungen der europäischen Zivilisation durchgeführt
werden muss

انقلابی که باید در شرایط پیشرفته تر تمدن اروپایی به اجرا در اید

Und sie wird mit einem viel weiter entwickelten Proletariat
durchgeführt werden

و باید با پرولتاریای بسیار پیشرفته تر انجام شود

ein Proletariat, das weiter fortgeschritten war als das
Englands im 17. und Frankreichs im 18. Jahrhundert

پرولتاریای پیشرفتهتر از انگلستان در قرن هفدهم و پرولتاریای فرانسه
در قرن هجدهم بود.

und weil die Bourgeoisie Revolution in Deutschland nur das
Vorspiel zu einer unmittelbar folgenden proletarischen
Revolution sein wird

و چون انقلاب بورژوازی در المان تنها مقدمه انقلاب پرولتری
بلافاصله پس از ان خواهد بود

Kurz gesagt, die Kommunisten unterstützen überall jede
revolutionäre Bewegung gegen die bestehende soziale und
politische Ordnung der Dinge

به طور خلاصه، کمونیست ها در همه جا از هر جنبش انقلابی علیه نظم اجتماعی و سیاسی موجود حمایت می کنند.

In all diesen Bewegungen rücken sie als Leitfrage die Eigentumsfrage in den Vordergrund

در تمام این جنبشها، انها به عنوان سوال اصلی در هر یک، مسئله مالکیت را به جلو می اورند

unabhängig davon, wie hoch der Entwicklungsstand in diesem Land zu diesem Zeitpunkt ist

مهم نیست که در ان زمان در ان کشور چه میزان پیشرفت داشته باشد

Schließlich setzen sie sich überall für die Vereinigung und Zustimmung der demokratischen Parteien aller Länder ein

در نهایت، انها در همه جا برای اتحاد و توافق احزاب دموکراتیک همه کشورها کار می کنند.

Die Kommunisten verschmähen es, ihre Ansichten und Ziele zu verheimlichen

کمونیست ها از پنهان کردن دیدگاه ها و اهداف خود بیزارند

Sie erklären offen, dass ihre Ziele nur durch den gewaltsamen Umsturz aller bestehenden gesellschaftlichen Verhältnisse erreicht werden können

انها اشکارا اعلام می کنند که اهدافشان تنها با سرنگونی اجباری تمام شرایط اجتماعی موجود به دست می اید.

Mögen die herrschenden Klassen vor einer kommunistischen Revolution zittern

بگذارید طبقات حاکم در یک انقلاب کمونیستی بلرزند

Die Proletarier haben nichts zu verlieren als ihre Ketten

پرولترها چیزی برای از دست دادن ندارند جز زنجیرهایشان.

Sie haben eine Welt zu gewinnen

انها دنیایی برای برنده شدن دارند

ARBEITER ALLER LÄNDER, VEREINIGT EUCH!

کارگران همه کشورها، متحد شوید